T0153676

Penser l'utopie

Illustration de couverture :
Carte générale des environs de la Saline de Chaux, planche 14, gravure de Pierre-Gabriel Berthault (détail), extrait de Claude-Nicolas Ledoux, *L'architecture considérée sous le rapport de l'art, des mœurs et de la législation*, Paris, 1804.

Nᵒ ISBN : 978-2-87754-368-2
Édité en 2018

Penser l'utopie

Actes de la rencontre inter-académies du 20 janvier 2017, organisée sous les auspices de l'Académie des Inscriptions et Belles-Lettres et de l'Académie des Sciences morales et politiques, avec le concours de la Fondation internationale Balzan

Pierre BRUNEL, André VAUCHEZ et Michel ZINK éd.

Ouvrage publié avec le soutien de la Fondation internationale Balzan

Académie des Inscriptions et Belles-Lettres
Paris • 2018

ALLOCUTION D'ACCUEIL

L'Académie des Inscriptions et Belles-Lettres est heureuse de poursuivre aujourd'hui la collaboration avec la Fondation internationale Balzan inaugurée lors de notre séance académique du 21 mai 2015, où, comme aujourd'hui, nous avions le plaisir et l'honneur d'accueillir, d'une part Monsieur le Chancelier de l'Institut de France, d'autre part Monsieur le Président Decleva et Monsieur le Président Veca.

La réunion de ce matin approfondit cette collaboration. En impliquant l'ensemble des académies, elle manifeste que l'Institut de France lui-même s'associe aux activités de la Fondation Balzan. Et c'est justice, puisque le prestigieux Prix Balzan a distingué déjà de nombreux académiciens. Nous sommes donc réunis pour une matinée de réflexion autour d'un grand ouvrage préparé et publié sous les auspices de la fondation Balzan, le *Dictionnaire critique de l'utopie au temps des Lumières*, sous la direction de Bronislaw Baczko, Michel Porret et François Rosset, paru en 2016.

L'Académie des Inscriptions et Belles-Lettres, à la demande de la Fondation Balzan, a organisé cette rencontre, mais elle ne l'a pas fait seule. Les deux maîtres d'œuvre de cette matinée sont notre confrère André Vauchez, membre de l'Académie des Inscriptions et Belles-Lettres, et notre confrère Pierre Brunel, membre de l'Académie des Sciences morales et politiques. Les intervenants ne sont heureusement pas tous des membres de l'Institut, car nous ne sommes pas sectaires à ce point et l'intérêt intellectuel l'emporte évidemment sur toute autre considération, mais il y a parmi nous des représentants de quatre académies, et les cinq seraient présentes si M. Pierre Nora, de l'Académie française, n'avait été contraint, à son regret, de se désister.

Stimulée par le dictionnaire qui en est l'occasion et le point de départ, notre rencontre de ce matin a l'audace de dépasser les bornes historiques et chronologiques qu'il s'était fixées : *Dictionnaire critique de l'utopie au temps des Lumières.* Nous nous autorisons ici à parler de toutes les formes de l'utopie dans tous les domaines de la pensée et de son expression. Tout cela en trois heures. C'est plus qu'une audace, dira-t-on : c'est une folie, ou, pire encore, une sottise. C'est pourquoi, nous avons fixé à l'exercice, non pas une limite, mais une règle du jeu.

Cette règle du jeu comporte un point théorique et un point pratique.

Le point théorique est que nous ne parlons que de l'utopie. Qu'est-ce à dire ? Je ne peux mieux m'expliquer que par un vol aux dépens de notre confrère Jean-Pierre Kahane, à qui j'ai suggéré le thème « Utopie et mathématiques » et qui a bien voulu accepter la proposition d'un sot qui ne sait même pas ce qu'est la pensée mathématique[1]. Au début de l'admirable présentation qu'il a eu l'imprudence de me faire lire, il dit en substance ceci :

« L'utopie repose sur une exploration du monde réel, dont elle s'évade par un pur travail de la pensée. Mais ce n'est pas vraiment une évasion : plutôt une sublimation. Et si la sublimation,

---

1. Jean-Pierre Kahane nous a quittés le 21 juin 2017, moins de six mois après cette rencontre à laquelle il a apporté une contribution exceptionnellement brillante et originale. Lorsque j'ai téléphoné à ce jeune homme de 90 ans pour lui demander de parler de l'utopie dans la pensée mathématique, il a voulu s'assurer de mes intentions : « Vous adressez-vous, m'a-t-il demandé, au mathématicien ou au communiste ? ». Lorsque je lui ai répondu que c'était au seul mathématicien, il n'a manifesté aucune surprise et a paru juger la requête parfaitement pertinente. Je n'avais pas osé lui avouer que j'ignorais qu'il fût communiste. Je m'adressais à lui parce que je savais que c'était un très grand mathématicien et parce que ses interventions à la commission administrative centrale de l'Institut de France me frappaient toujours par l'acuité de leur contenu et la courtoisie chaleureuse de leur expression.

c'est-à-dire l'abstraction, est réussie, elle est capable d'alimenter le monde réel de réalisations nouvelles et imprévues. »

Que Jean-Pierre Kahane me pardonne de déflorer ainsi son propos, mais c'est qu'il montre mieux que je ne saurais le faire que l'utopie est en un sens seulement hors du monde réel : elle en part, elle veut y revenir et elle n'entend pas rompre avec lui. Ce qui est hors de l'utopie, c'est donc l'autre monde, le paradis (ou l'enfer). Parler de l'utopie, ce n'est donc pas parler de n'importe quoi qui n'existe pas dans le monde où nous vivons.

Après le point théorique, le point pratique. Il ne pouvait être question de traiter en une matinée, sous forme d'exposés achevés, une dizaine de sujets et d'approches tout à fait disparates. Notre règle du jeu a été de suggérer chaque fois en quelques minutes une approche originale ou inattendue, de façon à rendre la juxta-position de ces approches suggestive et féconde, justement parce qu'elles sont disparates, inattendues et surtout présentées avec rapidité et flamme, comme l'éclair de l'intuition et non comme le cheminement de la démonstration.

Michel ZINK,
Secrétaire perpétuel
de l'Académie des Inscriptions et Belles-Lettres

PROPHÉTIE ET UTOPIE

L'utopie comme genre littéraire spécifique est née avec la modernité, c'est-à-dire la forme moderne de l'État et de la société qui s'est mise place en Europe occidentale au début du XVIᵉ siècle. Auparavant, depuis le monde antique jusqu'à la fin du Moyen Âge, c'est le prophétisme sous ses diverses formes qui en a tenu lieu, comme l'a bien souligné Max Weber. Dans la Bible, on voit certains chefs du peuple hébreu, qui avaient reçu un pouvoir charismatique d'en haut, perdre leur capacité de prophétiser quand leur volonté de puissance finissait par prévaloir sur la dimension religieuse de leur autorité. Le relais était pris alors par des personnages issus du peuple et inspirés par Dieu, comme les obscurs Eldad et Medad qui furent dénoncés à Moïse par les anciens d'Israël pour avoir prophétisé ; mais le patriarche refusa de prendre des sanctions contre eux et aurait déclaré à ce propos : « Si seulement tous étaient prophètes dans le peuple du Seigneur ! » (*Nb* 11, 25-29). À partir de cet incident, on voit se développer dans l'Ancien Testament un prophétisme axé fondamentalement sur la contestation du pouvoir politique et sacerdotal dominant, de la part de personnes étrangères au « système », comme on dirait aujourd'hui, capables de lire les signes des temps au-delà des apparences et n'hésitant pas à s'élever contre les violations de l'Alliance de la part du pouvoir en place. Au nom de Dieu dont ils prétendaient faire entendre la voix, ces personnages, d'Isaïe à Jérémie et Zacharie, se sont élevés contre l'ordre politique et social de leur temps en condamnant son injustice et ont cherché à ouvrir un chemin de

rédemption et de paix pour le peuple juif. L'existence de ce type
de prophètes a fini par devenir un trait marquant et récurrent de
la civilisation juive, par opposition à toutes les autres religions
de l'époque – pensons aux royaumes babyloniens et à l'Égypte
des pharaons – où la religion s'identifiait au pouvoir et à ses
représentations. Le prophète ne propose pas un programme de
réformes, mais il offre une alternative à la société politique et
au « désordre établi » en invitant ses contemporains à revenir
au culte exclusif de Yahweh et à la perfection des origines.
Celles-ci étaient présentées comme un âge d'or où les rapports
humains étaient régis par la justice et où régnait la paix, dans la
mesure où les exigences de la loi divine et de l'Alliance, ensuite
oubliées ou négligées par les gouvernants et le peuple, y étaient
effectivement mises en œuvre.

Cette conception vétéro-testamentaire du prophétisme fut
reprise par le christianisme. L'Église se présenta au sein de
l'empire romain comme une communauté de fidèles qui certes
« rendaient à César ce qui est à César », mais constituaient une
communauté distincte des structures politiques de l'État. Comme
on le voit déjà chez saint Paul (1*Cor* 1-5 et 29-33), l'Église se
définit en effet comme une institution prophétique et les dons
particuliers des individus, comme tous les dons du Saint-Esprit,
doivent s'exercer sous son contrôle et à son profit, comme le
soulignera saint Thomas d'Aquin dans sa *Somme théologique*.
De fait, à partir du Ve siècle, les évêques furent présentés dans les
textes hagiographiques comme les vrais prophètes de leur temps,
dans la mesure où ils s'étaient opposés à des décisions injustes
ou arbitraires des pouvoirs politiques. Notons au passage que
cette conception de l'Église comme prophétie institutionnalisée
distincte du pouvoir séculier et parfois antagoniste par rapport
à lui est propre à la chrétienté occidentale : en Orient et, plus
largement, dans le monde orthodoxe, l'Église s'est incorporée
à l'empire et la collaboration entre le pouvoir politique et le

pouvoir religieux s'est maintenue par la suite, de Byzance à la Russie des tsars et de Poutine. De façon encore plus radicale, l'islam, dans la mesure même où il refuse toute possibilité d'une incarnation de la Parole de Dieu révélée dans le Coran incréé, a rendu impossible l'existence d'une relation dialectique entre la loi divine et la loi humaine, ce qui explique que, même à notre époque, la notion de laïcité trouve difficilement sa place dans le monde musulman.

Pour en revenir à l'Occident médiéval, dans la mesure où l'Église, à partir du xie siècle, se présenta comme le bastion du sacré, distincte – mais non séparée – du pouvoir politique auquel elle s'efforça d'arracher sa sacralité, et où elle développa ensuite tout un appareil administratif, judiciaire et financier de type étatique, la dimension prophétique se trouva repoussée sur ses marges : l'avènement de la cité nouvelle était renvoyé à la Parousie, c'est-à-dire à la fin des temps, et la plupart de ceux qui entendaient redonner à la prophétie en leur temps une pertinence historique furent condamnés comme hérétiques ou suspectés de déviance. Par contrecoup, on vit se développer aux xiie et xiiie siècles un prophétisme orienté vers une réforme de l'Église et de la société chrétienne, que certains moines ou religieux, inquiets de l'évolution en cours et des abus du pouvoir ecclésiastique – de saint Bernard à saint François d'Assise – voulurent ramener à la pratique des vertus évangéliques. Ces aspirations se concré-tisèrent avec Joachim de Flore († 1202), moine calabrais « di spirito profetico dotato », selon les paroles de Dante, et surtout avec les courants joachimites qui, au sein de l'ordre franciscain et au dehors, mirent l'accent sur la venue imminente d'un « âge de l'Esprit » dans une perspective millénariste. Ce renouveau de l'attente eschatologique s'accompagna d'un retournement com-plet de la perspective : l'âge d'or du christianisme n'était plus envisagé comme un passé dont l'Église tendrait à s'éloigner à mesure de sa progression dans le temps, mais comme une vision d'avenir appelée à se réaliser dès ici-bas.

Au cours du troisième et dernier âge de son histoire – celui de l'Esprit – et après de violents conflits entre les tenants de l'ordre ancien – l'Église charnelle, attachée à ses richesses et au pouvoir – et ceux d'un ordre nouveau, on allait assister à l'affirmation d'une Église purement spirituelle vivant dans la pauvreté. Alors s'établirait *hic et nunc* un royaume de justice et de paix précédant le Jugement Dernier, qui ferait entrer l'humanité régénérée dans une éternité bienheureuse. Comme la hiérarchie ecclésiastique se montra insensible à ces perspectives, surtout à l'époque des papes d'Avignon, certains tenants de ces aspirations n'hésitèrent pas à entrer en dissidence en l'accusant d'avoir trahi l'Évangile ; d'autres cherchèrent à mettre en œuvre cet idéal, non plus au niveau de la chrétienté tout entière mais à celui d'une ville, choisie pour être une « Nouvelle Jérusalem » terrestre : une cité sainte comme celle que Savonarole tenta de réaliser à Florence à la fin des années 1490, dirigée par un gouvernement populaire, libérée du joug d'une papauté corrompue et dont les habitants vivraient conformément à la morale chrétienne. L'entreprise, on le sait, échoua tragiquement, mais l'idée fut reprise un demi-siècle plus tard par Calvin à Genève avec davantage de succès.

C'est dans ce contexte tourmenté que l'on assiste au passage de la prophétie à l'utopie, marqué par la rédaction du *Prince* par Machiavel en 1512-1513 et de l'*Utopia* par Thomas More en 1516. Cette coïncidence n'est pas fortuite : *Le Prince* constitue en effet la première expression théorique de la conception moderne de l'État et de la politique, après l'éclatement de la chrétienté médiévale. L'utopie peut naître seulement quand, avec le passage à la modernité, s'affirme l'idée que l'ordre politique n'est pas immuable (plus tard, on parlera de révolution) et qu'il est possible non seulement de projeter une société alternative par rapport à la société existante, mais aussi, le cas échéant,

de la réaliser *hic et nunc*, comme tentèrent de le faire en 1527
Thomas Münzer et les paysans allemands révoltés contre l'ordre
féodal. Dans le monde demeuré fidèle à l'Église catholique
après la Réforme protestante, le désir de créer ici-bas une société
fondée sur les valeurs évangéliques allait également pousser des
religieux – Franciscains, Dominicains et plus tard Jésuites – à
partir vers les « terres promises » du Nouveau Monde pour y
construire le Royaume du Christ et tenter de transformer l'utopie
en réalité, loin de la corruption de la vieille Europe. Balzac disait
que « l'espoir est une mémoire qui désire ». Cette définition
convient parfaitement pour la prophétie, qui se réfère à une
Histoire sainte ou à une théodicée. Elle vaut moins pour l'utopie,
qui ne se définit pas comme la nostalgie d'un paradis perdu mais
s'enracine dans la trame de l'histoire profane et se confronte à
ses divers aspects pour se demander, à la lumière de la raison,
à quelles conditions et selon quel processus ce monde pourrait
retrouver la concorde et la paix.

André VAUCHEZ

L'UTOPIE EST-ELLE UNE CHIMÈRE ?
L'EXEMPLE DE THOMAS MORE

L'introduction du *Dictionnaire critique de l'utopie au temps des Lumières* rappelle que dans la sixième des *Lettres écrites de la montagne*, Rousseau rejette l'idée que son *Contrat social* soit une utopie : si tel avait été le cas, l'ouvrage aurait été relégué « avec la "République de Platon, l'Utopie et les Sévarambes dans le pays des chimères", plutôt que calciné par le bourreau »[1]. Au siècle précédent, La Mothe Le Vayer associait déjà les théories politiques de Platon ou More à des chimères :

> « Au livre dixième, il [Platon] avoue que cette République ne se trouve nulle part en terre, et que le modèle n'en peut être vu qu'au ciel. [...] L'Utopie de Thomas Morus, la cité du Soleil de Campanella, et l'île de Bensalem du Chancelier Bacon, n'ont été chimérisées en nos jours que par un semblable caprice. »[2]

La Mothe Le Vayer et Rousseau préfigurent une idée fort répandue aujourd'hui, où l'adjectif « utopique » prend souvent un sens péjoratif : on l'applique volontiers à un système trop idéaliste pour être mis en application. Faire de l'utopie une chimère revient ainsi à désamorcer sa charge polémique, en

---

1. *Dictionnaire critique de l'utopie au temps des Lumières*, Bronislaw Baczko, Michel Porret et François Rosset éd., Genève, Georg, 2016, p. 20-22, citant Rousseau, *Lettres écrites de la montagne*, Amsterdam, Marc Michel Rey, 1764, vol. I, p. 327.
2. François La Mothe Le Vayer, « De la politique », in *Dialogues à l'imitation des Anciens* [1633], Paris, Fayard, 1988, p. 390. Le passage de Platon paraphrasé ici se situe en fait à la fin du livre IX de *La République* (592 a-b).

circonscrivant sa portée à un jeu spéculatif qui n'aurait guère de conséquences sur le monde réel.

Il ne s'agit pas ici de contester que l'écriture utopique relève du jeu littéraire : plus précisément, une utopie est une fiction qui n'adopte la forme d'un récit historique que pour mieux le dénoncer par des clins d'œil au lecteur avisé. L'utopie ne me semble pourtant pas systématiquement réductible à cette seule composante ludique. Dans son *Utopie* fondatrice du genre, Thomas More mène ainsi une réflexion approfondie sur les manières dont l'idéal utopien pourrait être transposé dans notre monde, et servir de modèle à la pratique politique.

Cette réflexion se développe au livre I et à la fin du livre II de *L'Utopie*, à l'occasion du dialogue entre le voyageur Raphaël Hythlodée et son interlocuteur Morus, qu'il faut se garder d'identifier trop hâtivement à Thomas More : il s'agit plutôt d'un *alter ego* de l'auteur, qui amorce au sein même de *L'Utopie* le mouvement de réappropriation critique que l'on cherche ici à mettre en lumière. Cette dialectique entre l'idéalisme d'Hythlodée et le pragmatisme de Morus est le fruit de l'évolution du projet de More au fil de la rédaction de l'ouvrage : pour mieux en cerner la portée, il convient de revenir rapidement sur sa genèse.

La genèse de *L'Utopie* : de l'idéalisme platonicien (livre II) à sa mise en perspective pragmatique et aristotélicienne (livre I)

Érasme, le meilleur ami de More, nous renseigne dans sa correspondance sur les premiers linéaments de ce qui deviendra *L'Utopie* : durant son adolescence, écrit-il, le jeune More « ruminait un dialogue » paradoxal « où il défendait la société communiste de Platon, y compris la communauté des épouses »[3].

---

3. Érasme, lettre à Ulrich von Hutten datée du 23 juillet 1519 ; voir Thomas More, *L'Utopie*, éd. Guillaume Navaud, Paris, Gallimard (Folio), 2012, p. 301-302. Ce projet d'éloge paradoxal évoque bien entendu l'*Éloge de la Folie* d'Érasme.

C'est ce projet que More reprend à l'été 1515 : profitant d'une suspension des négociations commerciales qu'Henri VIII l'a chargé de mener en Flandres, il se rend à Anvers, chez l'humaniste Pierre Gilles, où il rédige une première version de *L'Utopie* comprenant l'essentiel du livre II (soit la description de l'île d'Utopie par Hythlodée), ainsi qu'une brève introduction narrative correspondant au tout début du livre I[4]. Entre le projet de jeunesse et l'œuvre de la maturité[5], on observe des éléments de continuité, car Hythlodée est bien un platonicien dogmatique[6] : il offre un éloge (presque) sans nuance des Utopiens et de leur système[7] qui, en raison de l'abolition de l'argent et de la propriété privée, ressemble de fait à ce que Platon proposait dans sa *République*. On ne rencontre toutefois pas dans l'île d'Utopie le communisme familial, qui constitue la disposition la plus déroutante de la cité idéale de Platon : le projet de More a donc évolué pour devenir moins paradoxal qu'il ne l'était à l'origine.

À la fin du mois d'octobre 1515, More rentre à Londres, où il est rapidement accaparé par sa charge de vice-shérif de la City.

---

4. On suit ici l'analyse de la genèse de l'œuvre proposée par J. H. Hexter : voir *The Complete Works of Saint Thomas More*, tome IV : *Utopia*, éd. Edward Surtz et J. H. Hexter, New Haven, Yale University Press, 1965, p. XV-XXIII.

5. More a 37 ans lorsqu'il entreprend la rédaction de *L'Utopie*.

6. Voir Thomas More, *L'Utopie*, éd. citée, p. 49-50 (Pierre Gilles à propos d'Hythlodée) : « Il est bien vrai que celui-ci a été sur la mer non comme Palinure, mais comme Ulysse ou plutôt comme Platon. » ; p. 93 (Hythlodée à Morus) : « Si je proposais ce que feint Platon en sa République, ou ce que font les Utopiens en la leur, quoique ces choses-là fussent meilleures (comme il est certain qu'elles sont), toutefois elles pourraient sembler bien étranges [...]. » ; p. 95 (Hythlodée à Morus) : « Ainsi le philosophe Platon donne-t-il à connaître par une très belle comparaison pourquoi à juste titre les sages s'abstiennent de vouloir prendre part au régime de la République. » ; p. 96-97 (Hythlodée à Morus) : « je suis d'opinion conforme à celle de Platon, et ne m'émerveille point qu'il n'ait jamais daigné donner des lois à ceux qui refusent de vivre en commun : car ce prudent personnage prévoyait que la seule voie du salut public était que les hommes vivent en égalité de bien, ce qui ne se peut jamais faire là où existe la propriété. » Sur ce sujet, voir Jean-Yves Lacroix, *L'*Utopia *de Thomas More et la tradition platonicienne*, Paris, Vrin, 2007.

7. Hythlodée n'exprime guère qu'une seule réserve, à propos de l'hédonisme des Utopiens. Voir Thomas More, *L'Utopie*, éd. citée, p. 143 (je souligne) : « ils semblent *un peu trop* enclins à suivre les sectateurs de la volupté. »

Ce n'est qu'un an plus tard, en septembre 1516, qu'il envoie à
Érasme la version complète de *L'Utopie*, augmentée de la plus
grande partie du livre I et de la toute fin du livre II – c'est-à-dire du
dialogue entre Morus, Pierre Gilles et Hythlodée qui encadre la
description de l'île. Or ce dialogue introduit un recul critique par
rapport à un système politique qu'Hythlodée présentait comme
un modèle absolu. On le voit à la dernière page du livre II, où le
personnage de Morus déclare :

> « Après que Raphaël eut récité ces matières, maintes choses me
> revinrent à l'esprit qui, dans les mœurs et les lois de ce peuple utopique,
> me semblaient être bien absurdement établies : [...] tout spécialement
> en ceci [...] qu'ils vivent en commun, sans aucun commerce et trafic
> d'argent [...]. »[8]

Morus reformule ici un argument qu'Aristote, au début du
livre II de la *Politique*, avait adressé contre le communisme
platonicien : pour Aristote, ce communisme est *atopos*, c'est-à-
dire « absurde »[9].

Cette réserve, formulée *in extremis*, appelle une première
question : est-ce à dire que l'Utopie ne constituerait un modèle
de civilisation que pour le platonicien Hythlodée, et non pour
l'aristotélicien Morus qui en reconnaîtrait le caractère chimérique ? La situation est en réalité plus complexe, comme le
montrent les mots de Morus sur lesquels se referme le livre II :

> « D'ici là, autant je ne puis donner mon assentiment à toutes les
> choses qui furent dites par ce personnage, bien qu'il fût sans conteste
> savantissime et fort expert aux affaires humaines, autant je confesse
> facilement qu'il y a en la République des Utopiens bien des choses que
> je souhaiterais voir en nos villes de par-deçà, sans pourtant véritablement
> l'espérer. »[10]

---

8. *Ibid.*, p. 217.
9. Voir Aristote, *Politique* II, 1-5.
10.   Thomas More, *L'Utopie*, éd. citée, p. 218.

D'un côté, Morus déclare ne pas être convaincu de la validité de l'ensemble de la législation utopienne telle que l'a présentée Hythlodée, et doute en outre qu'elle soit susceptible d'être mise en pratique dans notre monde. Néanmoins, ce doute ne l'empêche pas de « souhaiter » la transposition de « bien des choses » de l'Utopie vers notre monde : s'il y a prise de distance, il n'y a donc pas d'opposition frontale. Par ailleurs, cette réaction relativement pessimiste de Morus ne doit pas être confondue avec la pensée de More lui-même : l'objectif de More semble en fait de renouer, par l'intermédiaire des figures d'Hythlodée et de Morus, le fil du dialogue entre Platon et Aristote, sans forcément trancher entre les deux positions. En définitive, l'auteur More juge très probablement, comme son *alter ego* Morus, que bien des lois utopiennes sont préférables à celles qui ont cours dans l'Europe de la Renaissance. L'Utopie n'est peut-être pas parfaite, mais elle s'approche bien davantage de la perfection que l'Angleterre de son époque ; de ce point de vue, More partage sûrement la sévérité du diagnostic dressé par Hythlodée dans le tableau dystopique du livre I.

LE PROTOCOLE DE RÉCEPTION DE *L'UTOPIE* : LE REPAS CHEZ LE CARDINAL MORTON

Si l'Utopie constitue bien, au moins dans une certaine mesure, un modèle, surgit alors une deuxième question : ce modèle est-il chimérique ? ou bien peut-il servir à améliorer l'état des institutions européennes ? et si oui, comment ?

La réponse à cette question se trouve dans la longue séquence du livre I relatant l'intervention d'Hythlodée à la table du cardinal Morton[11]. Morton était un proche d'Henri VII, qui le fit archevêque de Canterbury puis chancelier d'Angleterre. C'était aussi pour More, qui avait été placé chez lui comme page, une

---

11. *Ibid.*, p. 58-80.

sorte de mentor, comme en témoigne l'éloge du cardinal que More place dans la bouche d'Hythlodée au début de l'épisode[12]. Or ce parfait homme d'État va donner un exemple de la manière dont on peut tirer d'une utopie des enseignements pratiques.

Au cours de ce repas, la conversation vient à porter sur le problème posé par la punition des voleurs : dans l'Angleterre de l'époque, ils étaient condamnés à mort, et cependant le fléau ne tarissait pas. Face à l'échec de cette politique pénale, Hythlodée estime qu'il serait possible de définir une législation à la fois plus juste et plus efficace, et cite en exemple celle qu'ont instituée les Polylérites : ce peuple imaginaire, situé au voisinage de la Perse, a remplacé la peine de mort par des travaux d'utilité générale ; de la sorte, les condamnés contribuent à leur propre entretien et à la prospérité publique.

Quelles sont les réactions provoquées à la table du cardinal Morton par cette micro-utopie ? D'abord, le dédain des convives face à l'étrange, l'inconnu, le paradoxal[13]. Mais le cardinal lui-même se montre plus ouvert ; il définit les conditions auxquelles le traitement des voleurs en usage chez les Polylérites pourrait être importé en Angleterre à titre expérimental :

> « Il n'est pas facile de deviner si la chose va tourner bien ou mal quand on n'en a point encore fait l'expérience. Mais si, après que la sentence de mort est prononcée, le prince commandait que l'exécution fût différée, et qu'on expérimentât la manière de faire qui vient d'être décrite, tout en abolissant les privilèges de franchise dont jouissent les églises, et si on s'en trouvait bien, on devrait ordonner de continuer ainsi ; dans le cas contraire, alors il serait licite de faire mourir ceux qui auraient été condamnés. Procéder ainsi ne serait ni plus pernicieux pour

---

12. *Ibid.*, p. 58-59.
13. J'ai évoqué cette question du rapport à l'altérité dans « Otherness in More's *Utopia* », *Moreana*, vol. 53, n° 205-206, 2016, p. 73-94.

le bien public ni plus injuste que si l'on exécutait la même sentence dès maintenant, et l'expérience ne comporterait aucun danger. »[14]

La figure du cardinal Morton nous montre ainsi que l'utopie peut être le moteur d'un réformisme pragmatique. À défaut d'être parfait, le modèle utopique appelle une évaluation contradictoire ; il sert surtout à lancer le débat, qui n'est du reste pas refermé à la fin du livre, mais laissé ouvert, pour autant que le dogmatisme d'Hythlodée sache s'accommoder d'une discussion ultérieure[15]. Ce réformisme se rapproche d'ailleurs beaucoup de la pratique des Utopiens eux-mêmes, puisqu'ils accueillent avec prudence mais sans hostilité les innovations techniques et religieuses que leur apportent Hythlodée et ses compagnons[16]. La réaction de Morton pourrait donc à son tour servir de modèle à celle des hommes de pouvoir qui seraient amenés à lire *L'Utopie*, par exemple le cardinal Wolsey, chancelier d'Henri VIII en ce début d'année 1517 où *L'Utopie* est publiée.

Cette interprétation réformiste me semble confirmée par la manière dont More a choisi les auteurs des paratextes de *L'Utopie*. Dans une de ses lettres, il demande à Érasme que les épîtres de recommandation accompagnant l'ouvrage émanent non seulement d'hommes de lettres comme Guillaume Budé, mais aussi d'hommes d'État comme Jérôme Busleyden[17] :

14. Thomas More, *L'Utopie*, éd. citée, p. 76-77.

15. Voir *ibid.*, p. 217-218 : « Toutefois, je savais que ledit Raphaël était las de deviser et composer de cette île utopienne, et aussi je n'étais pas absolument certain qu'il sût endurer qu'on dispute contre ses propos, surtout que j'avais encore le souvenir que certains avaient été repris par lui sous prétexte qu'ils craignaient de ne pas être estimés assez sages, comme il disait, s'ils n'eussent trouvé quelque chose à réfuter dans les inventions des autres. Pour cette raison, après avoir loué la doctrine et l'enseignement des Utopiens et exalté sa harangue, je le pris par la main et le menai souper dans mon logis, en lui disant que nous aurions une autre fois le loisir et l'opportunité de repenser plus profondément à ces mêmes choses et d'en conférer ensemble plus largement – et que plût à Dieu qu'un jour cela advînt. »

16. Voir *ibid.*, p. 159-162 (les lettres grecques et l'imprimerie) ; et p. 192-194 (le christianisme).

17. Busleyden était conseiller diplomatique du jeune roi d'Espagne Charles Ier (le futur empereur Charles Quint).

ce faisant, More indique qu'il entend destiner son livre aux conseillers et aux ministres de la nouvelle génération de princes humanistes qui émerge en Europe avec les avènements successifs d'Henri VIII (1509), de François Ier (1515) et du nouveau roi d'Espagne, Charles Ier (1516), qui allait bientôt devenir empereur sous le nom de Charles Quint (1519).

L'UTOPIE COMME STRATÉGIE RHÉTORIQUE

Ce lectorat d'hommes de pouvoir réclame cependant qu'on prenne pour s'adresser à lui des précautions spécifiques : cette question occupe justement la fin du livre I.

À l'issue du récit du repas chez le cardinal Morton, Morus conseille à Hythlodée de mettre son expertise politique au service des princes, mais ce dernier rejette catégoriquement cette suggestion : fidèle à son idéalisme intransigeant, il refuse tout accommodement avec la réalité de l'exercice du pouvoir. Hythlodée peut donc être qualifié d'esprit révolutionnaire : ennemi de la demi-mesure, il juge impossible d'importer les institutions utopiennes en Europe sans un bouleversement des habitudes politiques. Pour Hythlodée comme pour Platon, la seule manière de réaliser pratiquement l'idéal politique serait que les rois deviennent philosophes, ou que les philosophes deviennent rois, ce qui advient fort rarement[18] : à cet égard, le sage roi Utopus, fondateur et premier législateur de l'île, constitue une exception qui ne semble hélas que confirmer la règle.

---

18. Voir *ibid.*, p. 81-82 (Morus, puis Hythlodée) : « [...] ton Platon dit que les Républiques deviendront heureuses si les amateurs de sagesse y règnent, ou si les rois étudient la sagesse. Oh ! que la félicité sera loin desdites Républiques, si les philosophes dédaignent de communiquer leur conseil aux rois et aux princes ! – Ils ne sont pas, dit-il, si ingrats qu'ils ne le fissent bien volontiers – et qui plus est, beaucoup l'ont déjà fait en plusieurs livres publiés – si du moins les princes et les rois étaient prêts à obéir à leurs bonnes opinions. Mais véritablement Platon prévoyait bien que si les rois ne s'appliquaient pas à la sagesse, et s'ils entretenaient les mauvaises opinions dont ils sont abreuvés et imprégnés en leurs jeunes années, il était impossible pour l'avenir qu'ils tiennent en estime les conseils des philosophes : ledit Platon en fit lui-même l'expérience avec Denys. »

De son côté, Morus s'accorde avec Hythlodée pour critiquer l'organisation politique et sociale de l'Angleterre de son temps, mais il n'est pas d'accord avec lui lorsque ce dernier affirme que son expérience des régimes politiques étrangers serait impossible à faire valoir au conseil du prince. Morus souligne surtout la nécessité de s'adresser au prince sans rigidité dogmatique, mais en employant au besoin ce qu'il appelle une stratégie « oblique » qui, sans prétendre aboutir à une politique parfaite, soit cependant susceptible d'améliorer la conduite des affaires :

> « Si les mauvaises opinions ne peuvent être totalement éradiquées, et si on ne peut comme on le désire remédier aux vices reçus par usage, il n'en faut pas pour autant délaisser la République, pas plus qu'on n'abandonne un navire en temps de tourmente, sous prétexte que les vents ne peuvent être réprimés. Certes il ne faut point emplir les oreilles des princes d'un propos insolite et inaccoutumé, dont tu sais qu'il n'aura point de poids auprès desdits princes, qui ont été persuadés du contraire ; mais il faut t'efforcer, par une menée oblique, de traiter de tout ton pouvoir toutes choses commodément, et ce que tu ne peux tourner en bien, fais à tout le moins que ce ne soit pas si grand mal : car il ne se peut faire que tout aille bien, si tous ne sont bons – ce que je n'espère qu'il se puisse faire encore de longtemps. »[19]

Cette stratégie indirecte, ou cette voie détournée, c'est bien sûr celle que More lui-même déploie dans son *Utopie*, en déguisant le traité politique sous le masque d'un récit de voyage[20]. Le dialogue enchâssant entre Morus et Hythlodée invite ainsi le lecteur à relativiser le dogmatisme apparent de la description de la République utopienne : les institutions utopiennes n'illustrent pas une vérité absolue, mais un modèle dont la valeur pédagogique dépend de la forme divertissante qu'il adopte. Car si

---

19. *Ibid.*, p. 92-93.
20. Voir Miguel Abensour, « Thomas More ou la voie oblique », in *L'Utopie de Thomas More à Walter Benjamin*, Paris, Sens & Tonka, 2000, p. 29-105.

le prince est susceptible d'être rebuté par la forme aride de ce que Morus appelle la « philosophie scolastique »[21], comment ne serait-il pas curieux de lire avec avidité, comme toute l'Europe de l'époque, un récit de voyage décrivant un nouveau monde[22] ?

Le choix de la forme du récit de voyage répond donc à un double objectif. D'abord, il sert à montrer que l'utopie est réalisable, car elle est présentée comme réalisée dans un monde certes éloigné du nôtre, mais dont on affirme l'existence. Ce premier objectif était du reste, *mutatis mutandis*, celui que poursuivait Platon quand il cherchait, à travers le mythe de l'Atlantide, à donner une consistance historique à la cité idéale de la *République*, en prétendant que des institutions similaires avaient régi une Athènes antédiluvienne[23]. Ce n'est d'ailleurs pas la moindre ironie du livre que ce soit à Hythlodée, l'ennemi de toute forme de demi-vérité, que revienne le soin d'accréditer la fiction du récit de voyage, et de devenir ainsi le principal instrument de la « menée oblique » qu'il refuse si catégoriquement.

Ensuite, à l'instar du miel poétique dont Lucrèce avait enrobé l'amère absinthe de la doctrine épicurienne, la forme du récit de voyage permet de donner à l'exposé théorique une forme curieuse et divertissante pour le lecteur : plusieurs des paratextes

---

21. Thomas More, *L'Utopie*, éd. citée, p. 91.

22. La préface des *Quatre Navigations* d'Amerigo Vespucci, qui constitue l'hypotexte explicite de *L'Utopie*, insiste ainsi sur le caractère intrinsèquement curieux et récréatif du récit de découverte pour les hommes d'État auxquels il est adressé. Voir *Le Nouveau Monde. Récits de Amerigo Vespucci, Christophe Colomb, Pierre Martyr d'Anghiera*, trad. Jean-Yves Boriaud, Paris, Les Belles Lettres, 1992, p. 86 : « Et même si Votre Majesté est occupée sans fin aux affaires de l'État, elle leur dérobera ce qu'il faudra de temps pour pouvoir lire ces lignes, malgré leur peu de sérieux (intéressantes cependant pour leur originalité). Vous ne retirerez pas en effet de mes lettres, après vous être nourri de vos soucis et exercé aux affaires, un plaisir médiocre : le fenouil, d'ordinaire, donne ainsi du goût aux aliments que l'on vient de prendre, et facilite la digestion. » La version originale de la lettre de Vespucci, rédigée en italien, était adressée à Pier Soderini, gonfalonier perpétuel de la République de Florence. Dans la version latine ici traduite et que lisait More, incluse dans la *Cosmographiae Introductio* publiée à Saint-Dié-des-Vosges en 1507, le texte fut modifié afin de faire croire qu'il était adressé au duc René II de Lorraine.

23. Voir le début du *Timée* et le *Critias* de Platon.

de *L'Utopie* – notamment l'alphabet et le quatrain en langue utopienne, ou encore la carte de l'île d'Utopie – ont ainsi une dimension ludique évidente[24]. Le fait que l'utopie soit un jeu littéraire, bien loin de la déconnecter de toute application réelle, apparaît en vérité comme un moyen de favoriser son influence potentielle sur les décisions politiques ; c'est précisément cette dialectique entre le plaisir de lecture procuré par le récit de découverte et l'utilité pratique de la spéculation politique qu'invite à percevoir le titre de la première édition de *L'Utopie* imprimée à Louvain : *Un petit livre véritablement excellent, non moins salutaire que divertissant, sur la meilleure forme de République et sur la nouvelle île d'Utopie*[25].

UNE UTOPIE EFFICACE ?

S'il est vrai que le genre utopique est l'instrument d'une stratégie destinée à influencer les politiques de l'époque, cette stratégie fut-elle efficace ? Les principes utopiens ont-ils été mis en pratique par les lecteurs de More – et, peut-on ajouter, par More lui-même lorsque, quelques années après la rédaction de *L'Utopie*, sa carrière politique prit un essor qui allait l'amener jusqu'à la Chancellerie du royaume d'Angleterre ?

Pour ce qui est de More, il est assez malaisé de répondre : on peine à découvrir, dans les années qu'il passa au service d'Henri VIII, une décision qui pourrait sembler inspirée par son Utopie, ou une tentative de réforme du système judiciaire allant dans le sens des principes exposés par Hythlodée. Par certains aspects, l'attitude de More au pouvoir s'oppose même nettement à la pratique utopienne. Lorsque More accède à la chancellerie, en 1529, il est presque entièrement monopolisé par la lutte

---

24. Voir Thomas More, *L'Utopie*, éd. citée, p. 242-244.
25. Sur l'interprétation du titre original de *L'Utopie*, voir Carlo Ginzburg, « L'Ancien et le Nouveau Monde vus depuis Utopie », in *Nulle île n'est une île*, trad. Martin Rueff, Lagrasse, Verdier, 2005, p. 15-47.

contre la Réforme et la « grande affaire » du roi, qui cherche à faire annuler son mariage avec Catherine d'Aragon ; dans ce contexte, la tolérance religieuse prêchée dans *L'Utopie*[26] n'est plus de saison, et More deviendra la bête noire des Luthériens.

Cette relative absence d'influence de *L'Utopie* sur le legs politique de More peut aussi s'expliquer par un autre facteur. Comme l'avaient déjà remarqué plusieurs théoriciens politiques de l'Antiquité, il est plus facile d'instituer une constitution parfaite dans une colonie fondée *ex nihilo* que de réformer les institutions d'une cité existante[27] : le roi Utopus avait au demeurant pleinement exploité cette liberté laissée au fondateur. Si le non-lieu de l'Utopie était un jour destiné à trouver une place sur la géographie terrestre, c'était donc plus probablement au Nouveau Monde que dans l'Ancien. Or c'est précisément au Mexique qu'un lecteur espagnol de *L'Utopie*, Vasco de Quiroga, évêque de Michoacán, s'est inspiré de *L'Utopie* pour établir la législation des colonies indigènes de son diocèse[28]. Par une coïncidence curieuse, c'est en juillet 1535, soit au moment même où More est décapité à Londres, que Vasco de Quiroga rédige et envoie en Espagne le texte où il expose son plan visant à adapter les institutions utopiennes aux villages qu'il fonde pour rassembler les indigènes, les évangéliser, les former à l'artisanat, les arracher à l'esclavage et leur accorder une certaine autonomie politique[29]. Bien que *L'Utopie* de More n'ait guère eu d'influence immédiate sur la politique européenne, elle fut ainsi le laboratoire d'où surgirent au Nouveau Monde des expérimentations probantes, puisqu'on s'accorde aujourd'hui à voir

---

26. Voir Thomas More, *L'Utopie*, éd. citée, p. 191-211.

27. Voir Aristote, *Politique* II, 7, 3 (citant Phaléas de Chalcédoine) ; et Platon, *Les Lois* III, 702 c-d.

28. Voir Alvaro Silva, « *Utopia*'s best reader », *Moreana*, vol. 53, n° 205-206, 2016, p. 115-127.

29. Voir Vasco de Quiroga, *Información en derecho [...] sobre algunas provisiones del Real Consejo de las Indias*, éd. Paulino Castañeda Delgado, Madrid, J. P. Turanzas, 1974.

dans les fondations de Vasco de Quiroga l'une des rares réussites politiques de la colonisation espagnole.

Si l'Utopie de More peut être qualifiée de chimère, ce n'est donc pas au sens où elle serait par définition une spéculation vaine et sans incidence sur le monde réel. *L'Utopie* a beau ne pas avoir été, à la différence du *Contrat social*, brûlée en place publique à sa parution, elle aurait en vérité pu l'être quelques années plus tard, et – ce qui est le plus surprenant – à l'instigation même de son auteur. Juste après sa démission du poste de chancelier d'Angleterre, More écrit en effet ces mots étonnants :

> « Je dis par conséquent, en ces jours où les hommes, par leur propre faute, mésinterprètent et prennent à mal les Saintes Écritures elles-mêmes, et tant que les hommes ne se seront pas corrigés, que si quelqu'un voulait traduire en anglais *L'Éloge de la Folie* ou bien certaines des œuvres que j'ai moi-même écrites avant la présente – bien qu'il ne s'y trouve aucun mal, mais les gens n'en sont pas moins enclins à prendre à mal ce qui est bon –, je contribuerais volontiers à brûler de mes propres mains non seulement les livres de mon cher ami, mais aussi les miens. »[30]

On ne saurait mieux dire que si *L'Utopie*, à laquelle More songe probablement ici, est une chimère, cette chimère n'est certes pas sans susciter dans notre monde des effets puissants, que ceux-ci soient intentionnels ou imprévus, bénéfiques ou redoutables.

Guillaume NAVAUD

---

30. Thomas More, *The Confutation of Tyndale's Answer* [1532-1533], in *The Complete Works of Saint Thomas More*, tome VIII, éd. Louis A. Schuster, Richard C. Marius, James P. Lusardi et Richard J. Schoek, New Haven, Yale University Press, 1973, vol. I, p. 179 (je traduis).

AVEC BRONISLAW BACZKO : DE L'UTOPIE AU *DICTIONNAIRE CRITIQUE DE L'UTOPIE AU TEMPS DES LUMIÈRES*

C'est avec beaucoup d'enthousiasme que Bronislaw Baczko a reçu notre proposition d'utiliser les fonds généreusement alloués par la Fondation Balzan pour préparer le *Dictionnaire critique de l'utopie au temps des Lumières*. Il s'agissait de faire quelque chose de ressemblant à l'entreprise mémorable du *Dictionnaire critique de la Révolution française* (Paris, Flammarion, 1988) qu'avaient dirigée jadis François Furet et Mona Ozouf et à laquelle Bronislaw avait largement contribué (articles : « Lumières », « Thermidoriens », « Vandalisme »). Après trois ans et demi d'un travail intense et régulier, nous avons eu le bonheur de pouvoir présenter le *Dictionnaire* achevé et imprimé le 13 juin 2016 par l'éditeur GEORG à Genève, jour du 93ᵉ anniversaire de Bronislaw. 1 400 pages, 54 articles – soit autant qu'il y a de villes sur l'île d'Utopie de Thomas More –, 143 illustrations, 46 auteurs de huit pays différents, une équipe soudée (Bronislaw disait n'avoir jamais travaillé aussi harmonieusement), efficace aussi, notamment grâce au travail irréprochable de Mirjana Farkas, moderniste de formation, qui a été engagée comme secrétaire de rédaction et iconographe et qui a bénéficié au moment de l'achèvement du dictionnaire du soutien très précieux de Robin Majeur, moderniste aussi.

Le résultat, osons-nous croire, répond aux attentes que nous avions ; c'est un ouvrage ample et riche, varié dans les approches, les méthodes et les objets, qui apporte un éclairage différencié et complexe sur ce temps où l'utopie s'est fixée comme structure de pensée et de discours. Mais le propos reste ouvert ; il ne prétend ni à l'exhaustivité, ni à la complétude. Car l'utopie est d'abord un mode de pensée et la pensée ne s'épuise pas.

L'UTOPIE SELON BRONISLAW BACZKO

Dans *La Responsabilité morale de l'historien* (1969 ; 2ᵉ éd. 2016[1]), Bronislaw Baczko met à l'épreuve l'idéalisme, le positivisme et le matérialisme historiques. Il note que l'« historien est impliqué dans l'objet même de ses recherches ; [que] c'est lui qui le crée en partie ». Avec ses fonctions cognitives, il fabrique le savoir historique selon un questionnaire arbitraire mais participe *via* « son milieu social, familial, professionnel » à la conscience historique de son temps[2]. Aucune neutralité de l'objet historique, mais le dispositif éthique de son énonciation épistémologique établie selon un questionnaire spécifique et les sources choisies.

Baczko pense la problématique des « idées-images », des *représentations du monde* et des *imaginaires sociaux* liés aux Lumières, au moment révolutionnaire et à l'avenir démocratique. Dans les années 1970, on nomme cette approche « histoire des mentalités » dont Baczko occupe de 1974 à 1989, à l'Université de Genève, l'unique chaire universitaire spécialisée en Europe dans ce champ épistémologique. Après son enquête d'obédience marxiste sur Rousseau entre « solitude et communauté », il braque le regard du philosophe et de l'historien humaniste sur la culture de l'utopie en son déploiement, son épuisement et sa reprise uchronique au temps des Lumières.

Son grand livre de 1978, *Lumières de l'utopie*[3], articule les rapports normatifs entre « Histoire et Utopie » dans un moment de

---

1. Bronislaw Baczko, *La responsabilité morale de l'historien*, présenté par Michel Porret, Paris, Publications de la Sorbonne (Tirés à part), 2016.
2. *Ibid.*, p. 21 et 22
3. Éditions Payot, Paris, malheureusement épuisé.

réflexion politique critique tout autour du régime communiste. Ces liens agréent l'«étude de l'imagination sociale» dans les textes et les images. L'imagination sociale qui, par jeu littéraire ou réformisme radical, travaille le réel dans le sens de la « perfectibilité » institutionnelle, politique, juridique et sociale. Dans l'héritage humaniste et matérialiste de Thomas More et de Veirasse, en contre-point à Swift qui transforme l'optimisme utopique de la raison et du bonheur obligatoire en cinglante dystopie du mal toujours recommencé sauf au pays des Houyhnhnms qui ont asservi l'espèce humaine (*Gulliver's Travels*, 1726, 1735), les « rêves utopiques » des Lumières s'inscrivent – selon Baczko – en un « horizon d'attentes et d'espoirs, collectifs et individuels ». Ils redessinent le paysage social du XVIIIe siècle et les aspirations à la « Cité nouvelle » qu'instaure la Révolution (celle des droits de l'homme, celle de la Terreur et celle de Thermidor) en réactivant l'idéologie des Lumières radicales pour liquider l'Ancien régime.

Si jusqu'à *L'An 2440* de Louis Sébastien Mercier (1770), l'utopie narrative assigne l'Homme hors de l'histoire dans le présentisme insulaire du bonheur et de l'égalité obligatoires avec l'éducation étatique des enfants, les utopies selon Baczko instaurent un rapport d'avenir dans leur imaginaire social et dans leur force herméneutique comme, à sa manière, l'instaure aujourd'hui notre *Dictionnaire*. Œuvre collective dans le sillon généreux de ses travaux, cet ouvrage aimerait restituer la « multiplicité et la diversité » de l'utopie au temps des Lumières – soit un « modèle discursif » et un « mode de penser » le cadre et les limites du bonheur social dans la cité juste.

Du Roman d'État

Le récit utopique instaure l'épistémologie d'élucidation, d'énonciation et de lexicologie de son projet et de son dispositif en ses rapports normatifs, ludiques ou idéaux avec le monde réel. Il est à la fois, redisons-le, un *modèle discursif* et une *manière de penser*. « Il est vrai qu'on peut s'imaginer des Mondes possibles, sans péché et sans malheur, et on pourrait faire comme des Romans des Utopies, des Sévarambes ; mais ces mêmes mondes seraient d'ailleurs fort inférieurs en bien au nôtre », avertit Leibniz en 1710[4] en déplorant les meilleurs des mondes possibles sans Dieu. Au temps des Lumières, si la désacralisation du Paradis émancipe l'homme d'une histoire marquée par la chute en le privant de l'espoir du salut devant la fatalité du mal[5], l'utopie narrative devient le « roman d'État » de la « république imaginaire ».

Société insulaire, céleste ou abyssale du bonheur collectif sous l'égalité contrainte devant les tables de la loi, nouvelle Athènes de la science et de la servitude volontaire pour le bien commun, État solaire de la transparence communautaire, cité néoclassique de l'atonie passionnelle, de l'ennui existentiel et de l'uniformité sociale où le crime offre parfois un attrait moral supérieur, le monde utopique est un laboratoire politique de la perfection institutionnelle que visite, dans la variété de ses déclinaisons, le voyageur-narrateur. Naufragé dans le monde de nulle part, il devient moins un Robinson conquérant qu'un anthropologue-participant de la cité idéale dont il scrute les mœurs. De Thomas More aux Lumières, ce paradigme humaniste et d'harmonie totalisante irrigue l'imaginaire et l'inter-textualité du récit utopique en sa promesse du bonheur naturaliste sous la houlette du Législateur parfait[6].

Dès le prototype de Thomas More en 1516, qui est contemporain de la découverte des Amériques, le roman chimérique renvoie moins au paradis perdu qu'à la *cité du bonheur* et à la *cité de nulle part* – instaurer la première dépend de la seconde. En 1539, François Rabelais forge le néologisme français « utopie » (*Pantagruel*) : « un

---

4. *Essais de Théodicée sur la Bonté de Dieu, la Liberté de l'Homme et l'Origine du mal* [1710], nouvelle édition, augmentée de *L'Histoire de la Vie et des Ouvrages de l'auteur*, par M. le Chevalier de Jaucourt, tome I, Lausanne, 1760, p. 490.

5. Bronislaw Baczko, *Job mon ami. Promesses du bonheur et fatalité du mal*, Paris, Gallimard, 1997, p. 113.

6. Raymond Trousson, *Voyages aux pays de nulle part. Histoire littéraire de la pensée utopique*, Bruxelles, EUL, 1999, p. 19 (« totalitaire », Trousson *dixit*).

grand pays de l'Utopie ». Si le *Dictionnaire de l'Académie française* n'enregistre qu'en 1762 le mot « utopie » en citant la République idéale de Platon et l'île inexistante de More, l'édition de 1798 après le choc révolutionnaire ramène l'utopie à la chimère individuelle : « Utopie se dit en général d'un plan de Gouvernement imaginaire, où tout est parfaitement réglé pour le bonheur commun, comme dans le Pays fabuleux d'Utopie décrit dans un livre de Thomas More qui porte ce titre. *Chaque rêveur imagine son Utopie* ».

Selon Baczko, le temps des Lumières reste la période « chaude dans l'histoire des utopies au même titre que la Renaissance » mais aussi le xixᵉ siècle de l'utopisme industrialiste et socialiste que fustige Marx. Près de cent cinquante nouveaux titres utopiques publiés au xviiiᵉ siècle en français enrichissent le corpus des utopies publiées après Thomas More. Ce mouvement culmine avec les trente-six volumes des *Voyages imaginaires, songes, visions et romans cabalistiques*, fourre-tout romanesque, édité en 1787-1789 par le compilateur parisien Charles-Georges-Thomas Garnier[7].

À l'aube du siècle, More retrouve une actualité éditoriale. Libertin et bénédictin défroqué, traducteur d'Érasme, pamphlétaire anti-absolutiste, ami de Pierre Bayle, Nicolas Gueudeville (1652-1721) publie en 1715 une traduction libre de *L'Utopie*, dédiée à un magistrat républicain de Leyde, éditée dans la même ville chez Pierre Vander. Parue l'année de la mort de Louis XIV, cette édition devient canonique au xviiiᵉ siècle. Selon Gueudeville, l'*Utopie* devrait être traduite en toutes les langues pour profiter au « genre humain ». Pourtant, déplore le traducteur avec un néologisme qu'évoque au xxᵉ siècle le *Dictionnaire des verbes qui manquent*, jamais le monde ne « *s'utopiera* ». Ce « roman d'État » pourrait pourtant rendre le monde « meilleur » : « [...] notre Morus [...] n'a rien proposé dans son idée de République parfaite et heureuse, qui de soi, ne soit

---

7. *Voyages imaginaires, songes, visions et romans cabalistiques*, à Amsterdam et se trouve à Paris, rue et Hôtel Serpente [en réalité : Paris, chez Gaspard Louis Cuchet], 1787-1789. Trente-six volumes augmentés de trois volumes de suppléments réunis sous le titre *Histoire des naufrages*.

fort faisable. Les Lois, les Usages, les Coutumes, les Mœurs qu'on attribue ici à ces peuples imaginairement fortunés, ne sont point au-dessus de la raison humaine. Mais, le mauvais usage que [...] les Hommes font de leur raison, est un obstacle à la fondation et à la réalité d'un Gouvernement *utopien* »[8].

Rousseau entend cette mise en garde morale. Dans une lettre du 26 juillet 1767 à l'économiste Mirabeau père, l'auteur du *Contrat social* brocarde la physiocratie en opposant utopisme et radicalisme politique : « Votre système est très bon pour les *gens d'Utopie*, il ne vaut rien pour les *gens d'Adam* »[9]. Souvent alors dénigré par les apologistes en tant que rêveur d'un inutile contrat social, Rousseau trace la frontière épistémologique entre l'utopie comme chimère spéculative et la philosophie politique comme instrument du réformisme étatique ou social.

Entre jeu littéraire et spéculation philosophique, le « roman d'État » devient souvent au temps des Lumières l'instrument théorique d'investigation socio-politique et le détonateur de l'imagination sociale. Encore faut-il trouver les mots pour énoncer cette réalité du projet utopique. Auteur en 1770 de l'*An 2440* ou uchronie qui dépayse au futur le paradigme utopique pour montrer après Condorcet que l'histoire accomplit les promesses libératrices des Lumières, Louis Sébastien Mercier donne une définition universelle de la démarche utopique.

En l'an XI [1801], le polygraphe révolutionnaire édite sa *Néologie Vocabulaire des mots nouveaux, à renouveler, ou pris dans des acceptions nouvelles*. Parmi les trois cents entrées de ce dictionnaire lié à l'imaginaire social du temps, il évoque l'utopie avec le néologisme « Fictionner », qui renvoie à l'imagination sociale. « Fictionner » ce n'est pas « narrer, conter, fabuliser ; c'est imaginer des caractères moraux ou politiques pour faire passer des

---

8. Épitre dédicatoire, n. p. (italiques de l'auteur).
9. Cité par Bronislaw Baczko, « Lumières et utopie. Problèmes de recherches », *Annales, ESC*, 1971, 26/2, p. 358-359.

vérités essentielles à l'ordre social. Fictionner un plan de gouvernement dans une île lointaine et chez un peuple imaginaire, pour
le développement de plusieurs idées politiques, c'est ce qu'ont fait
plusieurs auteurs qui ont écrit fictivement en faveur de la science qui
embrasse l'économie générale des États et de la félicité des peuples »[10]
(II, p. 266).

L'apport des Lumières à la culture utopique revient peut-être à
ceci qu'elle en a fait notamment une branche morale de la science
politique comme outil de rationalisation et de transformation du
monde social. Cette idée inspire l'avocat et censeur royal Jean-
Nicolas Démeunier, compilateur libéral des deux mille articles en
quatre volumes de l'*Encyclopédie politique et diplomatique* (1784-
1788), sous série de l'*Encyclopédie méthodique* (1782-1832) : « Les
projets les plus chimériques sur la législation et les gouvernements
offrent ordinairement des vues utiles [au législateur éclairé] [...].
Les divers romans politiques, publiés jusqu'à présent, auront chacun
leur article dans ce Dictionnaire [...] »[11].

Depuis Thomas More, « modèle discursif » et « mode de
penser », l'utopie trace des chemins narratifs en ouvrant des voies
de réflexion épistémologique pour les philosophes des Lumières
voulant « brosser le tableau d'un état heureux, dans lequel on ne
se trouvera jamais », conclut lucidement Jean-Nicolas Démeunier,
même s'il choisit de placer l'utopie dans le champ de la science
politique naissante comme réservoir d'imagination sociale.

De l'utopie d'un roi polonais

L'*Entretien d'un Européen avec un insulaire du royaume de
Dumocala* n'est certainement pas le texte le plus admirable que

---

10. Louis Sébastien Mercier, *Néologie*, éd. par Jean-Claude Berchet, Paris, Belin,
2009, p. 204.
11. Cité par Bronislaw Baczko, *Lumières de l'utopie, op. cit.* (n. 1), p. 45.

le XVIIIᵉ siècle aura produit en matière d'utopie[12]. Mais il n'est pas le moins intéressant. Tout d'abord, précisons qu'il a été écrit en 1752 par un Polonais, ce qui n'est pas pour déparer l'hommage que nous rendons ici à Bronislaw Baczko. Mais cet auteur n'est pas le premier venu des Sarmates : c'est un roi, qui fut même élu à deux reprises au trône de son pays sans avoir finalement pu l'occuper et qui fut reçu par la France comme un réfugié de luxe avant de donner sa fille en mariage au roi Louis XV. Stanislas Leszczynski, devenu par décision de son gendre en 1737 duc de Lorraine et de Bar, régna sur sa petite province avec le discernement d'un sage. C'est en souverain sans véritable pouvoir, mais en observateur avisé de la politique européenne qu'il écrivit bon nombre de mémoires et traités de morale, de philosophie et de politique.

Difficile d'assortir ce roi très fier de tous ses titres – quand bien même ils n'étaient justement que des titres –, ce serviteur convaincu de la foi et de l'Église catholiques, ce conservateur débonnaire au portrait-type des auteurs d'utopie, héritiers de la tradition libertine du Grand Siècle et souvent tenus pour responsables du grand tournant révolutionnaire. Impossible pourtant de dénier au bon roi Stanislas sa contribution à la tradition littéraire de l'utopie. Car tout est là, justement, lorsqu'il s'agit de caractériser l'utopie au siècle des Lumières. Elle s'est imposée comme un modèle de récit et de discours, non plus forcément comme un véhicule d'opinion. Mais des plus timides aux plus virulentes, toutes ses actualisations sont l'expression de cette énergie si particulière qui inspire dans tous les milieux de ce temps des perspectives de réforme et plus encore : une conviction que l'homme est capable d'en concrétiser au moins un certain nombre, dans un certain périmètre. C'est sur ce nombre et sur

---

12. Stanislas Leszczynski, *Entretien d'un Européen avec un insulaire du royaume de Dumocala*, éd. par Laurent Versini, Nancy, Publications de l'Université de Nancy, 1981.

l'extension du périmètre que diffèrent entre eux les auteurs des quelque cent cinquante textes utopiques produits au XVIIIᵉ siècle en français ou traduits dans cette langue.

Jamais les utopies ne furent si nombreuses et jamais non plus si variées, si riches et si surprenantes dans leurs différences mêmes. Limiter l'utopie aux textes qui pourraient faire figure d'annonciateurs, voire d'inspirateurs de la Révolution est un profond malentendu. Péché mortel de téléologie, bien sûr, mais avant tout, délit d'ignorance. Il faut donner à connaître ce corpus de textes si ample et diversifié pour permettre de mesurer tout ce qui s'y révèle : la puissance du désir de mieux vivre, l'étendue de l'inventivité des hommes, le foisonnement de leur imagination. Tous, ils semblent raconter la même histoire sur un canevas peu propice aux variations ; mais chacun d'eux donne à voir, à rêver, à postuler d'autres hommes, d'autres coutumes, d'autres principes, d'autres solutions et à interpréter d'autres figures, d'autres scènes, d'autres séquences. Et tous font cela parce qu'ils perçoivent la réalité sociale dans laquelle ils vivent comme insatisfaisante ou carrément insupportable.

Dumocala, comme Utopia, est un nom parlant. En polonais, le verbe *dumać* signifie songer, rêver. C'est un pays ouvertement conjecturé dont les perfections sont décrites par un vieux sage à un voyageur européen égaré. Ce pays possède évidemment toutes les qualités attendues ; il est donc tout le contraire de l'Europe, dont le vieux sage dit connaître les vices pour avoir eu l'occasion de lire un traité français de l'histoire universelle (celui de Bossuet ?). Les deux interlocuteurs représentent ainsi l'opposition souvent constituée dans l'orbe de l'utopie entre l'historien qui, d'après les mots de Charles-Georges-Thomas Garnier – l'éditeur de la collection des *Voyages imaginaires* déjà évoquée – « peint les hommes tels qu'ils ont été ou tels qu'ils sont » et le philosophe qui, toujours selon Garnier, « se transporte dans des mondes nouveaux, où il recueille des observations qui ne sont ni moins intéressantes, ni moins précieuses »[13]. L'utopie, domaine par excellence du philosophe s'avère ainsi très vaste au temps où toute réflexion critique dans tout canton de la pensée et du savoir est précisément qualifiée de philosophique. De là à soutenir qu'utopie et Lumières ont tendance à s'unir dans un rapport d'emblématisation des unes par l'autre, il n'y a qu'un pas que Leszczynski et beaucoup de ses comparses en *utopographie* nous invitent à franchir.

Critiquer le monde pour en conjecturer, en postuler un autre – en d'autres termes, philosopher – est une posture qui peut conduire à l'action autant qu'à la prudente retenue. On ne sera pas étonné de savoir que c'est cette deuxième attitude qu'incarne le roi Stanislas. Son petit roman est encadré par deux phrases qui disent la même chose : « qu'il est triste que le bonheur humain ne se rencontre qu'en des pays inconnus qui nous sont inaccessibles », lisons-nous dans l'Avertissement ; quant à la dernière phrase du texte, elle résonne comme ceci : « mon lecteur [...] pourra juger que le vrai bonheur des peuples ne se trouve que dans les régions inconnues »[14]. Position résignée qui, sous un angle politique, peut être perçue comme une dérobade devant les désirs et les projets de changement dans le monde imparfait des hommes, mais qui, d'un point de vue littéraire, redit quelque chose de capital : la force de la fiction, qui n'est pas seulement, comme le voudrait ce roi presque fantoche, un refuge possible et suffisant pour les hommes en quête de bonheur, mais un champ d'incubation et d'expérimentation pour les idées ou encore, plus essentiellement, le lieu où l'homme s'est érigé le théâtre de sa vie intérieure. Et qui saurait contester la réalité de celle-ci ? La réalité véhémente, par exemple, du désir de bonheur ? La Révolution ne fut pas l'aboutissement de l'utopie, ni la conséquence

---

13. *Voyages imaginaires...*, *op. cit.* (n. 7), t. I. p. 1.
14. *Entretien d'un Européen...*, *op. cit.* (n. 12), p. 1 et 45.

de ce désir, mais elle apporta la preuve de la réalité de ce désir, la preuve que les mondes inconnus sont partie intégrante du monde que l'on croit connaître. C'est pourquoi bien des utopies peuvent être lues comme des fables vouées à l'explication, à la justification et à l'illustration de la fiction même.

Ainsi, ce *Dictionnaire critique de l'utopie au temps des Lumières* n'apporte pas seulement des éclairages originaux et savants sur ces mondes meilleurs projetés par les hommes à un certain moment de l'histoire. On y découvrira, bien plus largement, un tableau kaléidoscopique de la culture socio-politique et de la culture littéraire du Temps des Philosophes. Le dictionnaire aurait pu aisément s'intituler *Dictionnaire critique des Lumières au temps de l'utopie.*

Michel PORRET et François ROSSET

L'UTOPIE RÉVOLUTIONNAIRE DE LA SANTÉ

Par des décrets de mars 1791, proposés par le député Pierre d'Allarde, l'Assemblée constituante établit que tout citoyen a le droit de choisir son métier. En conséquence chacun a droit de faire profession de soigner ses semblables et, réciproquement, les citoyens peuvent s'adresser pour le soin de leur santé à toute personne méritant leur confiance. Ainsi, d'un coup, le monopole des docteurs en médecine se trouvait aboli. Était proclamée la liberté de l'exercice, non particulièrement de la médecine, mais plus généralement de l'« art de guérir ». Médecins, chirurgiens, apothicaires, sages femmes, guérisseurs et rebouteux, tous connaisseurs supposés de la santé, pourraient gagner leur vie en traitant des patients, sans limite de diplôme, de grade, de titre et de lieu d'exercice. Les règlements ne réclamaient de ces innombrables professionnels de santé que l'autorisation du maire, la recommandation de deux notables de leur commune et le paiement d'une patente. Le succès ou l'échec d'un praticien et l'opinion de ses concitoyens devaient être désormais les seuls vrais critères de choix.

Le 14 juin 1791 une loi votée sur l'initiative du député Le Chapelier supprima les corporations, jurandes et guildes. Dans l'intention du législateur, il s'agissait d'enlever toutes les entraves à la liberté du commerce. Les soins de santé étaient concernés, car ils étaient rangés parmi les métiers ordinaires, marchands ou mécaniques par décret du 3 septembre 1791. Les grades de médecin devaient donc être effacés de l'usage et la loi devait assurer la liberté du marché en faveur de toutes sortes de praticiens. Dans les gazettes et réclames, le terme de docteur n'était plus employé, tout le monde pouvait librement s'intituler « médecin patenté ».

Plus tard, les académies et sociétés savantes qui semblaient conforter les privilèges des docteurs furent interdites par décret de la Convention du 8 août 1793. Enfin, un autre décret, le 15 septembre 1793, ordonna la suppression des trois très célèbres et très anciennes facultés de médecine (Paris, Montpellier et Strasbourg).

Le démantèlement systématique des institutions médicales dites d'« ancien régime » était justifié par plusieurs considérations : la liberté des métiers, l'égalité des citoyens, la validité de leur jugement collectif et la confiance en l'état de vie parfait qu'accorde la Nature. Sensibles aux espérances de leur temps, des médecins provinciaux modestes siégèrent en assez grand nombre dans les assemblées révolutionnaires successives. Ils voyaient une vaine superstition dans le respect des titres des anciennes universités ; ils dénonçaient les artifices de leurs enseignements ; ils les accusaient d'en faire honteusement commerce ; ils estimaient donc que les anciens privilèges médicaux pouvaient disparaître sans dommage. Un médecin diplômé avait certes, comme autrefois, le devoir de dispenser sa capacité savante mais son intervention n'était qu'obéissance au droit à la santé qui appartient à la communauté des citoyens. Le législateur choisissait précisément les mots ; il n'était plus question de maladie mais de santé, on n'évoquait plus une science de la médecine mais l'art de guérir. De même que le nouveau calendrier reconnaissait le cours des saisons, le soin du corps devait revenir aux préceptes de la Nature, aux chances qu'elle avait octroyées aux hommes dès leur origine. On estimait que les remèdes inventés par les médecins risquaient de contrarier les dons de la Nature, alors que leur respect aurait dû suffire à empêcher l'apparition de la maladie.

Dans cette conviction des Constituants on peut identifier une utopie majeure : la liberté et la santé des hommes comme lois de la Nature. François Lanthenas (1754-1799), médecin et révolutionnaire ardent, auteur d'un essai *De l'influence de la liberté sur la santé* (1792), démontrait que les citoyens éclairés, dès lors qu'ils rejetaient la tyrannie et qu'ils observaient un régime de santé, ne subiraient plus de maladie, laquelle n'était qu'un désordre social appelé à disparaître dans une société parfaite. La liberté de l'état naturel doit produire des hommes beaux, sains et sages. Autrement dit, inversement, la justesse de l'art de guérir pourra faire revenir l'idéale société naturelle. Ces deux évolutions imaginaires étaient exprimées et conjuguées sous la plume des médecins jacobins. La liberté du citoyen et la santé de l'homme naturel prenaient figure d'instances circulaires jumelles.

À vrai dire, le discrédit et l'abolition de l'enseignement médical ne résultaient pas seulement de préjugés idéologiques ; ils reflétaient une conjoncture sociale. Ils traduisaient le ressentiment politique des simples chirurgiens, plus nombreux et moins fortunés que les médecins, alors même que leur métier, pratique et efficace, semblait plus utile à la collectivité. En effet, l'appel au médecin était alors un usage seulement urbain et relativement onéreux, il était ignoré dans les campagnes où les malades ne pouvaient envisager d'autre recours que les soins et recettes des empiriques. Dans un territoire de plus de vingt-huit millions d'habitants, ruraux à plus de 90%, les docteurs en médecine pouvaient être seulement cinq ou six mille. Soit la réponse à une enquête de 1790 : « Il n'y a qu'un seul médecin dans tout le district de Josselin. Je me trompe ; tout le monde l'est : il n'y a personne de l'un et l'autre sexe qui ne s'ingère de donner des avis aux malades ».

Les lois de 1791 à 1793 eurent, bien sûr, des effets vite catastrophiques, entraînant des cas scandaleux dits de « brigandage médical ». Après les années de Terreur, après le coup d'État de Thermidor, l'illusion se dissipa. Prenant conscience des malheurs accumulés, le Comité de salubrité de la Convention demande un rapport à Antoine-François Fourcroy (1755-1809). Célèbre chimiste, député de Paris, il siégeait dans la « Plaine » et avait été constamment adversaire des Montagnards. Il fit décider en décembre 1794 le retour d'un enseignement savant et l'institution d'écoles de santé. Ces écoles, publiques et ouvertes à tous, étaient en fait limitées aux trois sites universitaires classiques (plus Caen, ajouté en 1799). Significativement elles reprirent le titre d'écoles de médecine à la fin de 1796 et rétablirent des examens en 1797 ; elles coopéraient avec les sociétés scientifiques reconstituées un peu partout ; elles retrouvèrent enfin le titre de facultés en 1803.

La fermeture des facultés n'avait donc duré que deux ou trois ans. Plus grièvement, la liberté d'exercice établie depuis 1791 avait gonflé les rangs des praticiens sans titres ; leurs effectifs continuaient de croître du fait de leur embauche pour les besoins urgents des armées. Pour contrôler ces prolétaires médicaux toujours plus nombreux une loi de février 1794 avait reconnu leur emploi sous l'appellation d'*officier de santé*, non de « ministre », trop ecclésiastique, ni d'« ouvrier », trop humble. Le terme d'officier impliquait un lien avec l'État, qui le distinguait de l'autonomie professionnelle des médecins privés.

À l'ampleur de ce nouveau corps et à son utilité politique dans l'instant correspondait le maintien de la fable d'une santé donnée par la Nature, plus sûre que tous les remèdes des médecins. L'idée que la liberté engendre la santé et que le despotisme produit des imbéciles demeurait un lieu commun rémanent. On peut, par exemple, en entendre des échos dans l'œuvre bavarde de l'essayiste Julien-Joseph Virey (1775-1846), pharmacien des armées, auteur d'une *Histoire naturelle du genre humain* parue en 1801. L'Antiquité, écrivait-il, nous a légué dans l'airain et le marbre les images de ses héros. Ces hommes de grande beauté corporelle étaient engendrés par des civilisations vertueuses :

> « Sensible et généreuse Grèce, patrie des sciences et des arts, et vous, fière Italie, jadis métropole de l'univers, vous naquîtes belles sous les palmes de la gloire et les lauriers des Muses [...]. Ordinairement une belle âme réside dans un corps bien constitué [...]. Un rapport lie un heureux et sage gouvernement à la beauté générale d'un peuple [...]. Plus un peuple est content, heureux, tranquille, plus il offre de belles formes [...]. L'esclave, abruti sous la pesante chaîne de la servitude ne présentera qu'une figure stupide, un aspect maussade, contraint, dégradé. Telles sont les causes de la laideur des peuples opprimés par le despotisme et telles sont les causes de la beauté des nations policées. »

Pourquoi n'avons-nous pas su garder les beautés et santés des Anciens ? Les brigues autour des pouvoirs, les malheurs des temps et les duretés des climats en sont la cause. « J'avoue sans peine, expliquait Virey, que notre état de civilisation exerçant beaucoup les facultés intellectuelles en a davantage développé les organes (et donc les troubles et les maladies), tandis que, errant au fond des forêts, le sauvage, sans connaissances et sans désirs, n'a besoin (pour sa santé) que de mouvement ». Il fallait conclure avec Virey qu'aujourd'hui le devoir de gouvernants vertueux et de médecins compétents était de refonder et retrouver par de bonnes lois la robustesse de nos aïeux.

La régénération de l'espèce humaine était donc possible, elle ne dépendait que de bons choix politiques. C'est ce qu'avait déjà suggéré Pierre Cabanis (1757-1808) le 4 avril 1796 (15 germinal an IV) lors de la première séance de l'Institut, classe des sciences morales et politiques, devant quinze cents auditeurs, dont solennellement tous les dignitaires du Directoire. Il exposait dans ce discours ambitieux les méthodes qui permettent aux éleveurs d'obtenir des bœufs grands et forts ou bien aux maraîchers de Montreuil des poires juteuses. Ces méthodes sélectives ne pourraient-elles pas pareillement donner naissance à des hommes vigoureux et sains ? Ces hommes régénérés de l'avenir seraient aussi de bons citoyens, puisque les qualités physiques et morales ne sont pas séparables. À terme l'humanité pourrait parvenir à la fabrication d'un « type parfait ». En fait, le propos de Cabanis n'allait pas jusqu'à un eugénisme, impensable ou du moins innommé encore à cette époque. L'orateur évoquait plutôt l'avenir de l'humanité comme une évolution vers le meilleur, toujours perfectible et jamais achevée. Il imaginait prudemment une réforme lente et continue et non la révolution implacable à laquelle ses contemporains et lui-même venaient d'échapper.

Une grande loi du Consulat publiée le 19 ventose an XI (10 mars 1803) prononça dans son premier article : « Nul ne peut exercer la médecine en France s'il n'est muni d'un diplôme de docteur en médecine délivré par l'État ». Cette loi était derechef, en grande partie, l'œuvre de Fourcroy. Le monopole médical ainsi rétabli ne concernait en réalité que les villes. Le déficit de diplômés et leur médiocre espérance de rémunération de la part de la paysannerie imposaient d'imaginer pour les campagnes un autre rapport à la santé. Elles constitueraient un domaine desservi plutôt par le corps des officiers de santé. Leur métier spécifique était maintenu, sous la seule exigence de trois ans de stage et de pratique.

Les motifs socio-économiques de cette inégalité territoriale se trouvaient comme auparavant relégués derrière l'utopie de la santé naturelle qui aurait été dispensée généreusement aux travailleurs des champs. De nombreux textes illustrent ce mythe :

> « Si les paysans sont tempérants, ils jouissent de toutes leurs facultés ; leur esprit est libre, propre à tous les travaux ; leur corps est robuste et sain ; une force mâle se trace sur leur visage et remplace les grâces de la jeunesse ; ils parviennent à une longue carrière sans infirmités, et, [devenus] vieux, ils semblent encore jeunes ».

Cette chance leur viendrait de la sorte d'hygiène naturelle que serait le travail des champs, en vif contraste avec les faiblesses des citadins :

> « Les gens aisés qui peuvent se procurer toutes les commodités de la vie jouissent pour la plupart d'une santé faible, ils traînent une vie qui leur est à charge, ne peuvent se nourrir que d'aliments choisis et proportionnés à la faiblesse de leur estomac. Tandis que les habitants des campagnes font disparaître en un instant la miche de pain bis et de morceau de lard enfumé qui composent leur nourriture, sans qu'ils en soient incommodés. »
>
> (Marie-Armande Gacon-Dufour, *Moyens de conserver la santé des habitants des campagnes*, Paris, 1806)

En ce début du XIXe siècle, le mythe du bon sauvage n'avait sans doute pas résisté aux récits des atrocités des guerres indiennes en Amérique du Nord et des révoltes d'esclaves aux Antilles. Subsistait pourtant le préjugé de paysans devenus hygiénistes, conservant quelques traits des mythiques Hurons qui, cent ans plus tôt, déclaraient au baron de Lahontan que « pour se bien porter il faut que le corps travaille et que l'esprit se repose ».

Voici donc que les officiers de santé étaient, dans leur chalandise paysanne, confrontés à une sorte d'humanité qui, restée proche de la nature, aurait conservé, comme un caractère physique propre, un tempérament simple et facile à traiter. S'il y avait des types différents d'humanité, chacune devait appeler un certain type de praticien :

> « Cette différence dans les noms, dans la durée des études et dans les formes de réception est conforme à la nature même des choses. *Les hommes des campagnes ayant des mœurs plus pures que les habitants des villes, ont des maladies plus simples, qui exigent pour cette raison moins d'instruction et moins d'apprêts.* »

Tel était l'avis de Michel Carret, professeur de chirurgie à Lyon, membre du Tribunat (1752-1818). C'était affirmer que la démarcation des niveaux sociaux, fruit apparent de la conjoncture historique, reflétait plutôt une inégalité fondamentale, bio-politique, inscrite dans la nature.

Avec le cours des années l'image sociale de l'officier de santé s'inscrivait dans la vie ordinaire et banale des villages. Il lui arrivait de revendiquer une expertise particulière, se posant même en adversaire d'une médecine trop abstraite, ignorante des réalités. Guillemardet, au nom du Comité de la Guerre sous le Directoire, prétendait déjà que les soins des blessés ne relevaient pas de formules d'apothicaires mais d'un traitement humble qui ramenait la médecine à la simplicité de la nature. Certains affichaient même une fierté anti-médicale :

> « Depuis le célèbre Hippocrate jusqu'à l'inventeur de la vaccine, ce n'est que le hasard et l'expérience qui ont fait don des remèdes salutaires et qui ont également instruit nos ancêtres dans la guérison des maladies. Il s'ensuit que sans savoir le grec et le latin [...], sans avoir acheté le diplôme et le bonnet de docteur, on peut très bien connaître les remèdes propres pour toutes les maladies. »

En fait, les tâches ordinaires des officiers de santé se bornaient aux pansements de fractures, accouchements, saignées et arrachages de dents ; ils faisaient rarement fortune, devant souvent se contenter d'être payés en nature ou à terme annuel. Pourtant tout au long du XIXe siècle, les associations de médecins ne se résignèrent pas à leur modeste concurrence et plaidèrent constamment pour obtenir leur résorption. Leur contrôle, les limitations de leurs prérogatives, voire leur suppression firent l'objet d'incessantes démarches des médecins auprès des ministères et des chambres. Ces réformes n'aboutissaient pas car les ministres persistaient à croire aux vertus d'une médecine naturelle pour les gens proches de la nature. Victor Cousin, ministre de l'Instruction publique en 1840, se prononçait pour leur maintien, car « aux malades pauvres et simples, guérissant facilement au bon air des champs, il faut des médecins pauvres et simples comme eux ». Louis-Bernard Bonjean, ministre de l'Agriculture en 1851, répétait les mêmes arguments :

> « À des malades simples et pauvres, il faut des médecins pauvres et simples comme eux, qui nés dans une condition peu élevée, ayant conquis leur grade à peu de frais, puissent se contenter d'une modeste rétribution. L'officier de santé est dans les meilleures conditions pour remplir cette mission de modeste dévouement, il se fera d'autant plus aisément le consolateur du pauvre qu'il en est presque le compagnon. »

L'officiat de santé fut supprimé par la loi Le Chevandier du 30 novembre 1892, qui reprenait l'article premier de la loi de 1803 réservant le monopole de l'exercice de la médecine aux titulaires du doctorat.

Avec cette loi de 1892 prenait fin la séparation de la médecine en France en deux corps de métier attachés à deux parts différentes de la population. Ils avaient été inégaux en études, en compétences, en prestige social et en fortune. Ils étaient affectés à deux groupes humains distincts, caractérisés par leur habitat et leurs occupations mais aussi, plus étrangement, supposés différenciés jusque dans leur héritage génétique.

En guise de conclusion, l'utopie révolutionnaire de la santé peut être replacée dans une perspective plus cavalière. Après tout, le mythe de la santé naturelle des hommes libres et le thème de la hiérarchie sociale des maladies n'ont vraiment exercé leur empreinte d'utopie dangereuse et meurtrière que de 1791 à 1794. En revanche, leurs hypothèses peuvent s'inscrire dans un temps long d'histoire des idées médicales. Au premier abord, elles reprenaient les leçons d'Hippocrate des liens de la maladie avec le climat, les coutumes, les mœurs de chaque pays. Elles survenaient après la prise de conscience, déjà sous Louis XVI, de la nécessité d'une « police de la santé » ; ces générations découvraient les possibilités d'action de l'État dans la prévention des épidémies ou dans les aménagements des grandes villes. Ensuite, elles se survécurent au XIXe siècle dans des doctrines médicales successives, celles des écoles spiritualistes, vitalistes, homéopathiques et même spirites qui, tour à tour, s'aventurèrent à la recherche de somatisations. Toutes entendaient démontrer les pouvoirs de l'âme ou de l'esprit sur le corps, les dérangements et les troubles de ce principe vital et spirituel se répercutant sur la santé et le fonctionnement des organes. Plus sûrement et plus judicieusement, les procédés de hiérarchie médicale avaient suggéré la part d'individuation des maladies selon la situation personnelle du patient. Enfin, plus largement encore, elles pourraient prendre rang aux origines de pratiques contemporaines dites de médecine généraliste ou de proximité.

Yves-Marie BERCÉ

L'UTOPIE NOIRE

L'Utopie est un état des choses qui ne se rencontre en aucun lieu. On l'imagine mentalement et on la compare avec un état actuel ou passé, pour en mesurer le bien et le mal. On peut le faire de deux manières : en idéalisant, en peignant en rose, c'est l'utopie optimiste ; ou, au contraire, en noircissant, en dépréciant, c'est l'utopie noire ou pessimiste.

Thomas More a inventé le terme. Son *Utopie* (1516) est optimiste, elle dépeint un pays imaginaire, abritant un peuple heureux : les Utopiens, sages et puissants, grâce aux institutions dont ils jouissent. Mais le doute mine l'espoir comme le ver ronge le fruit. L'usage du terme le montre : « utopique » se veut à peine moins fort que « chimérique ». Le modèle séduit, mais ne se rencontre nulle part, parce qu'il ne pourrait pas se rencontrer. En revanche il apparaît enviable, supérieur et, en offrant une image bienveillante d'une humanité imaginée, il suggère les réformes à accomplir.

À l'inverse, l'utopie pessimiste imagine une situation pire que celle qui existe. Ici aussi, une critique, sous-jacente, exprime la condamnation du présent, mais intensément. On invente un monde encore plus terrible, plus oppressant, plus cruel, plus macabre même que celui que l'on désigne. Disons que l'utopie noire, par un humour grinçant ou par une dérision menaçante, dénonce et condamne.

Toutes les utopies, roses ou noires, sont construites de la même façon : grâce à un procédé de rhétorique, l'hyperbole. L'expérience mentale augmente ou diminue des traits véridiques pour produire le plus d'impression. Boileau ne parle-t-il pas de la « mordante hyperbole » ? L'effet est obtenu en prolongeant et en exagérant des phénomènes présents dont on tire toutes les conséquences possibles. Il suffit de songer à Jonathan Swift, qui publia, en 1729, *Modeste proposition sur les enfants pauvres d'Irlande*. Le titre anglais explicite : *A Modest Proposal for preventing the Children of Poor People from being a Burden to their Parents or the Country, by using them as Food for the Rich*. Pour dénoncer la misère de l'Irlande sous domination anglaise, Swift suggère que les Irlandais regarderaient « comme un grand bonheur d'avoir été vendus pour être mangés à l'âge d'un an et d'avoir évité par là toute une série d'infortunes par lesquelles ils sont passés et l'oppression des propriétaires ».

Inspiré par Swift qu'il admire, George Orwell publiera deux livres que nous connaissons tous. Il met des procédés différents au service du même dessein. Dans *La ferme des animaux* (1945), le plus parfait des deux, une parabole animale sert à dépeindre une société totalitaire, l'Union soviétique, dans laquelle le parti gouverne au nom du peuple, les dirigeants au nom du parti, et le tyran au nom des dirigeants. En revanche, dans *1984*, publié en 1949, il décrit en termes réalistes, avec un grand luxe de détails, une Angleterre verte et imaginaire, dans laquelle au nom de *Big Brother* règnent la *Novlang*, la surveillance réciproque et l'oppression, préfigurant ainsi la tentation totalitaire au sein du monde moderne.

Orwell a tiré son procédé de Swift qu'il admirait, et j'avais l'intention, quand Michel Zink a bien voulu m'inviter à cette rencontre, de commenter ces deux écrivains, surtout, bien sûr, le plus proche de nous, Orwell. Mais une lecture récente m'a fait découvrir un autre disciple de Swift, et comme il s'agit d'un Français et d'un illustre membre de l'Institut, c'est lui que je me permettrai d'évoquer devant vous.

Il s'agit de l'abbé André Morellet (né à Lyon le 7 mars 1727, mort à Paris, ou à Versailles, le 12 janvier 1819). Il écrivit, en juillet 1794, un opuscule satirique intitulé *Le préjugé vaincu*, directement inspiré par Swift, mais il conserva par devers lui son manuscrit, car il craignit de le publier. Disons un mot de l'auteur avant d'en venir à son utopie. On verra qu'elle est bien noire.

Morellet est un abbé des Lumières. Il vient de la Sorbonne (la seule vraie, celle disparue en 1792 et qu'avait fondée Robert de Sorbon) où, étudiant avant d'en devenir docteur et sociétaire, il a connu Turgot. Puis il rencontre Diderot et collabore à l'*Encyclopédie*. Contre Palissot, il va s'ériger en défenseur de Voltaire, qui, dans une lettre à ce même Turgot, le surnomme « l'abbé Mords-les ». Familier du salon de Madame Geoffrin, il s'intéresse à l'économie en lisant Adam Smith et en s'opposant, sur commande du ministre, à l'abbé Galiani. Comme il sait l'italien et le droit, il traduit Beccaria. Puis, comme il connaît aussi l'anglais, il visite l'Angleterre pour le compte de Vergennes. Devenu célèbre il entre à l'Académie française en 1785.

Vient la Révolution. Au début, elle l'enchante. Puis il s'indigne. Suspecté, il est arrêté en 1792, mais il invoque son amitié pour Turgot et on le libère comme un « patriote ». Il n'en pense pas moins et il a peur pour sa vie. D'autant qu'en perdant ses rentes et ses pensions, il a perdu ses moyens de vivre. Dernier directeur de l'Académie avant sa dissolution, le 5 août 1793, il quitte le Louvre en emportant la galerie des portraits et les archives, qu'il s'empresse de dissimuler. Sur réquisition, il consent cependant à restituer une copie du dictionnaire. Jusqu'à Thermidor il s'abrite de l'orage, en donnant des cours d'économie, et en faisant des traductions pour gagner sa vie.

Ses mémoires[1] posthumes méritent d'être lus. Il n'y cache pas les frayeurs et les ruses, avec lesquelles il a traversé l'adversité et toutes les péripéties révolutionnaires. Car s'il a aimé les Lumières, il a moins apprécié la Révolution. Dès le Consulat, en 1800, il contribue à la reconstitution de l'Académie française au sein de l'Institut : il reprend son fauteuil en 1803, il restitue les archives et les portraits qu'il avait conservés. Pour se faire renflouer financièrement par Joseph Bonaparte, il adule Napoléon. Le Sénat le désigne comme député de la Seine au Corps législatif, de 1806 à 1815. Son mandat politique le rétribue, mais se déroule sans éclat. Après 1815, il est maintenu dans l'Académie, redevenue royale, dont il est désormais le doyen. Il meurt le 12 janvier 1819. Il était un ami proche de Jean-Baptiste Suard, secrétaire perpétuel de 1803 à 1816 (sans interruption pendant les Cent jours). L'éloge de Morellet fut prononcé par Lémontey le 17 juin 1819. C'est de cet éloge et de ses mémoires que je tire ce que je viens de dire.

Je ne vous lirai pas des extraits du *Préjugé vaincu*, Morellet y dépeint des choses affreuses, et son humour macabre, comme souvent chez Swift, met mal à l'aise. Dans ses Mémoires posthumes, dont je viens de parler, il a décrit son projet et expliqué pourquoi il avait renoncé à sa publication.

Voici ce passage. Il suffit, je crois, à mon propos. Et il dit joliment l'essentiel de sa triste Utopie. Il montre aussi que pour ce collaborateur de l'*Encyclopédie* la Révolution ne fut pas un bloc :

> « C'est vers cette même époque, au commencement de messidor (juin et juillet 1794), lorsqu'on égorgeait chaque jour sur la place de la Révolution vingt et trente, et par degrés jusqu'à soixante personnes que, cherchant à soulager les sentiments d'horreur et d'indignation dont

1. Publiés après sa mort en 1821 (en deux volumes), ils ont été savamment réédités en 2013 : André Morellet, *Mémoires sur le XVIIIe siècle et sur la Révolution* (édition critique par D. Medlin et K. Hardesty Doig, Paris, Champion, 2013, 672 p.)

j'étais oppressé, je m'avisai d'écrire un ouvrage d'un genre tout nouveau parmi nous, où l'ironie est poussée jusqu'à l'extrême, et où je tâche de rendre encore plus odieuses les atrocités, en proposant d'enchérir sur celles dont nous étions les témoins. Il y a quelque chose d'effroyable dans l'idée de cet ouvrage, mais il porte l'empreinte de ces temps barbares. Je l'ai écrit dans un moment de fureur contre les destructeurs des hommes, et je ne l'ai jamais publié. Il a pour titre *Le Préjugé vaincu,* ou *Nouveau moyen de subsistance pour la nation, proposé au comité de salut public en messidor de l'an II de la République* (*juillet 1794*). Pour en dire le sujet en deux mots, j'y propose aux patriotes, qui font une boucherie de leurs semblables, de manger la chair de leurs victimes, et dans la disette à laquelle ils ont réduit la France, de nourrir ceux qu'ils laissent vivre des corps de ceux qu'ils tuent. Je propose même l'établissement d'une boucherie nationale sur les plans du grand artiste et du grand patriote D[avid], et une loi qui oblige tous les citoyens à s'y pourvoir au moins une fois par semaine, sous peine d'être emprisonnés, déportés, égorgés comme suspects, et je demande que, dans toute fête patriotique, il y ait un plat de ce genre, qui serait la vraie communion des patriotes, l'eucharistie des Jacobins, etc. J'ose dire que, dans cette ironie qu'on peut appeler sanglante, il y a un peu de ce que les Anglais appellent humour et que, si elle eût pu être imprimée à l'époque où je l'ai écrite, elle eût produit quelque effet. Mais comme il n'y avait aucun moyen humain de l'imprimer et de la répandre, qu'on eût été trahi ou découvert cent fois, et que son premier résultat eût été de me mener à l'échafaud, je la gardai dans mon portefeuille. Après le 9 thermidor, je la lus à Suard, homme d'un goût délicat et sûr, pour savoir si je céderais à la tentation de la publier, et de contribuer ainsi à affermir notre conversion. Il rejeta bien loin cette idée, et je me le tins pour dit. Ses raisons étaient principalement l'horreur et le dégoût qu'il croyait devoir frapper mes lecteurs, et surtout les femmes, aux images repoussantes que j'avais rassemblées, et l'impression défavorable qu'on prendrait, disait-il, de l'écrivain qui avait pu arrêter si longtemps sa pensée sur ces horribles objets et les peindre à loisir. J'ai répondu à ces objections dans un Post-Scriptum qui accompagne l'ouvrage, et ma réponse est une discussion morale et littéraire où je me crois justifié. Je l'ai écrite avec soin, et je serais fâché que le texte et le commentaire fussent tout à fait perdus. On les trouvera dans mes papiers. »

En effet, on les a bien trouvés et ils ont fini par être édités à Oxford (par la fondation Voltaire). René Vienet, à Paris, en prépare une autre édition. Les Goncourt avaient remarqué ce passage des Mémoires de Morellet et lui firent un sort, car il illustrait leurs propres sentiments à l'égard de la Révolution, même s'ils n'aimaient pas beaucoup les deux académiciens que furent Morellet et Suard : « Ces âmes d'hommes de lettres-là font tache dans ce libre XVIIIe siècle par la bassesse du caractère, sous la hauteur des mots et l'orgueil des idées » (*Journal* I, 13 novembre 1858).

Soyons plus indulgent, Morellet avait sans doute plus d'esprit que de courage. En des temps difficiles, il eut le mérite de survivre, sans se déshonorer, et de nous laisser cet *À la manière de Swift*, témoignage de la terreur que firent naître, en 1792 et 1793, l'idéocratie et la férocité des hommes.

Jean-Claude CASANOVA

« NOTRE ÂME EST UN TROIS-MÂTS CHERCHANT SON ICARIE »

La chambre à quatre, « thurne », occupée par Charles Péguy quand il est entré à l'École normale supérieure de la rue d'Ulm en novembre 1894, a été appelée par un malin « thurne *Utopie* », et le mot fut gravé au canif sur la porte. Péguy, qui avait comme cothurnes Albert Mathiez (1874-1932), le futur historien de la Révolution française, le germaniste Albert Lévy (1874-1929) et un autre historien, Georges Weulersse (1874-1950), neveu de Georges Renard, le directeur de la *Revue socialiste*, avait eu l'idée d'un *Journal vrai* qui devrait transformer la société. Lucien Herr, le bibliothécaire de l'École, donna son adhésion aux entreprises de la thurne *Utopie*.

Je ne peux m'empêcher de rapprocher ce *Journal vrai* du journal *Le Populaire* où, en mai 1847, un long manifeste était intitulé, non pas « Allons en Utopie ! », mais « Allons en Icarie ! ». Et il y a assurément un écho de cet appel dans le vers de Baudelaire que j'ai mis en exergue, le vers 33 du poème qu'il a lui-même qualifié de « byronien », « Le Voyage », écrit à Honfleur en mars 1859, publié pour la première fois dans *La Revue française* le 10 avril de la même année, et devenu la dernière pièce des *Fleurs du Mal* dans la deuxième édition, l'édition autorisée des *Fleurs du Mal* en 1861 :

« Notre âme est un trois-mâts cherchant son Icarie ».

C'est à Paris, au « bureau du *Populaire* » (la maison d'édition du journal, 14, rue Jean-Jacques Rousseau), que fut publiée en 1848 la cinquième édition du *Voyage en Icarie* d'Étienne Cabet, celle que j'ai eu la chance de pouvoir lire et consulter à la Bibliothèque de l'Institut, dans un épais volume complété par *Qu'est-ce que la propriété ? recherches sur le principe du droit et du gouvernement* par P[ierre]-J[oseph] Proudhon, dont la première édition avait été assurée en 1841, également à Paris, par la librairie du Prévôt.

Publiée en deux volumes par Hippolyte Souverain, la première édition du *Voyage en Icarie*, datant de 1839, dont quelques exemplaires seulement avaient été distribués, avait paru sous un titre différent, *Voyages et aventures du lord William Carisdall en Icarie*. Elle était attribuée à un auteur anglais, Francis Adams, le traducteur ayant lui-même un pseudonyme, Th. Dufruit. C'est seulement à partir de la deuxième édition, en 1843, qu'Étienne Cabet avait adopté ce titre plus court, *Voyage en Icarie*, pour le livre signé cette fois de son vrai, de son seul nom.

Étienne Cabet était né à Dijon le 2 janvier 1788. D'abord professeur, puis avocat de profession, il fut élu député de la Côte-d'Or en 1831 et se situa dans l'opposition. Il attaqua violemment le gouvernement de Louis-Philippe dans *Le Populaire* et dans diverses brochures. Condamné pour offenses au roi en 1834, il se réfugia en Angleterre jusqu'en 1837. C'est là qu'il s'imprégna des idées de Thomas More et de son *Utopie*. Il y subit aussi l'influence de Robert Owen (1771-1858), l'utopiste anglais son contemporain, le fondateur aux États-Unis, dans l'Indiana, de l'éphémère colonie *New Harmony* (1825-1828). On comprend donc mieux la présentation anglaise de son livre, qu'il a conçu comme un roman. Mais, précise-t-il dans la Préface, « sous la forme d'un ROMAN, le *Voyage en Icarie* est un véritable TRAITÉ de morale, de philosophie, d'économie sociale et politique ».

Le titre du poème de Baudelaire est donc « Le Voyage ». C'est le premier mot du titre de Cabet, *Voyage en Icarie*, le premier mot de la première des trois parties qui constituent le livre, « VOYAGE-RÉCIT-DESCRIPTION », et on le retrouve dans le titre du chapitre I de cette Première partie, « But du voyage. – Départ ». Ce voyage de Lord W. Carisdall, en 1835-1837, lui a fait découvrir « une espèce de Nouveau Monde » (p. 2), qui passe par la mer (p. 8), et même par un orage sur mer (p. 9). On aborde cette terre inconnue par « les côtes d'Icarie ».

Son nom, l'Icarie, cette terre nouvelle le doit à Icar, qui ne se confond pas avec l'Icare antique, le fils de Dédale, même si Baudelaire a écrit un autre poème intitulé « Les Plaintes d'un Icare ». Ce fondateur est celui qui a su « comprendre la Fraternité », qui a « fait connaître et examiner le vice de l'organisation sociale », qui a aperçu « que tous les hommes pouvaient travailler et vivre en commun » (Table, p. 584). Il ne s'est pas imposé simplement, mais par une suite d'étapes dont certaines ont été violentes, jusqu'à sa mort, quand on a fait à cet ancien prêtre devenu président de la République l'honneur de donner son nom au pays. On a même voulu faire de lui un Dieu (p. 218).

L'histoire de l'Icarie passe donc par « Guerre et Paix ». Avant le roman de Tolstoï, publié entre 1865 et 1869, cette association apparaît dans le titre du chapitre V de la Deuxième partie (p. 348-352). Pour l'établir, pour la continuer, un « progrès » est nécessaire (chap. IX et X), qui est aussi un progrès de l'Industrie (chap. XI). Il a fallu et il faut encore une « Croisade icarienne pour établir la Communauté ».

L'Icarie est elle-même un « grand pays organisé en communauté » (p. 585). Elle n'a ni riches ni pauvres, comme l'Utopie de Thomas More, qui reste donc la référence.

Nous en avons la preuve par le fait que, dans son édition de 1835, le *Dictionnaire de l'Académie française* donnait cette définition de l'utopie :

« s[ubstantif] f[éminin]. Il signifie, ce qui n'est en aucun lieu, nulle part et se dit en général d'un plan de gouvernement imaginaire, où tout est parfaitement réglé pour le bonheur de chacun, comme au pays fabuleux d'Utopie, décrit par Thomas More dans son livre qui porte ce titre. *Chaque rêveur imagine une utopie. De vaines utopies.* »

C'est une confirmation de l'origine de l'utopie. C'est aussi, par le second exemple, un indice de la vanité de l'utopie, ou du moins de ce qui est perçu comme tel quand, comme l'a montré Gabriel de Broglie dans son livre *Le XIXᵉ siècle. – L'éclat et le déclin de la France* (Paris, Perrin, 1995, p. 40), le temps de « l'utopie romantique » qui voulait faire régner l'harmonie après l'anarchie révolutionnaire tend déjà à s'assombrir. Baudelaire, dans « Le Voyage », en apportera la preuve.

Thomas More est présent une seule fois dans le *Voyage en Icarie*. C'est dans le chapitre XII de la Deuxième partie, qui rassemble (c'est le titre) les « Opinions des Philosophes sur l'Égalité et la Communauté ». Son *Utopie* y est présentée « en action, sans monnaie, mais avec l'éducation pour base, avec la communauté de travail, avec l'Égalité parfaite des droits, de fortune et de bonheur » (p. 479). *Communauté*, c'est le mot que souligne Cabet. Elle aurait été recommandée par Jésus-Christ lui-même, qui « aurait utopianisé l'Univers si l'*Orgueil* des riches ne l'en avait empêché ». Selon lui, « *Jésus-Christ* lui-même a non seulement proclamé, prêché, commandé la Communauté comme conséquence de la fraternité, mais il l'a pratiquée avec ses Apôtres » (p. 567). Et « les principes fondamentaux de l'Utopie » lui « paraissent le progrès le plus avancé de l'intelligence humaine et la destinée future du Genre humain » (p. 480).

Cette Communauté aurait été établie par Icar à la suite d'une révolution, la Révolution de 1782, antérieure donc de sept ans à la pseudo-Révolution de 1789 (Deuxième partie, chapitre II, p. 308-322).

C'est, confirme Cabet à la fin de son livre, son « pur et ardent amour de l'Humanité » qui l'a conduit à élaborer cette « doctrine de la Communauté » (p. 534-535).

Communauté, le mot doit être souligné en effet. Et il est plus juste de parler, à propos de l'Icarie, d'« utopie communiste » que d'« utopie socialiste ». Cabet emploie le mot pour accompagner l'« Appendice » du *Voyage en Icarie* dans l'édition de 1848. Il l'a sous-titré « Doctrine communiste », soutenant que « le *Voyage en Icarie* et tous [ses] écrits sur la Communauté renferment une *science*, une *doctrine*, une *théorie*, un *système* » (p. 566).

Au-delà de Baudelaire, il ne me semble pas impossible qu'Arthur Rimbaud se soit inspiré de Cabet quand, selon le témoignage de son camarade de Charleville, Ernest Delahaye, il a rédigé au cours de l'été 1871 un *Projet de Constitution communiste*, dont le texte n'a pas été retrouvé. Il est vrai que la Commune était passée par là...

Jules Prudhommeaux, à qui nous devons un livre très vivant sur l'*Icarie et son fondateur* (1903), l'a fait suivre d'un second, intitulé *Cabet et les origines du communisme* (1907).

Baudelaire, assurément, n'est pas allé jusque-là, même au moment de ce qu'il a appelé « mon ivresse de 1848 » et de sa participation à cette révolution de Février qui avait augmenté le nombre des Icariens et incité Cabet lui-même à rejoindre les soixante-neuf volontaires qui étaient partis pour l'Amérique, en s'embarquant sans lui au Havre le 3 février 1848. Mais il pouvait être sensible, dans le *Voyage en Icarie*, aux restes de christianisme diffus.

Le baron Ernest Seillière (1866-1955), qui fut élu membre de l'Académie des Sciences morales et politiques en 1914 et à l'Académie française en 1946 et qui fut essentiellement moraliste et sociologue, l'a montré d'un bout à l'autre de son livre sur *Baudelaire*, publié chez Armand Colin en 1931.

Son approche se veut une approche critique de la philosophie plus que de la poésie de Baudelaire. Et il constate, dès le point de départ de son étude, qu'« à la base de la philosophie de Baudelaire [...] se place, de façon constante, une psychologie pessimiste de la nature humaine » (p. 9). Baudelaire ne s'exclut pas lui-même de cette psychologie pessimiste. Le « nous » du poème liminaire des *Fleurs du Mal*, « Au lecteur », le prouve, et on le retrouve dans « Le Voyage », en particulier dans le vers sur lequel j'ai fondé mon étude,

> « Notre âme est un trois-mâts cherchant son Icarie. »

Et c'est pourquoi il peut faire de l'« hypocrite lecteur, – [s]on semblable, – [s]on frère ».

Seillière voit là un « mysticisme démagogique ou socialiste » et y retrouve « la note chrétienne romantique » (p. 48-49). Ceux qui pendant la révolution de 1848 avaient envahi la chapelle des Tuileries n'avaient-ils pas entendu quelqu'un s'écrier devant un Christ en bois : « C'est notre maître. Chapeau bas ! » ? Et l'on porta ce Christ en triomphe jusqu'à l'église Saint-Roch.

En 1848, un peu avant la révolution de Février, des admirateurs convertis par le *Voyage en Icarie* se sont rassemblés au Havre et se sont embarqués pour les États-Unis. La secte des Icariens s'était fondée en France dès 1847, et ceux-ci étaient particulièrement nombreux dans la région de Lyon.

Ces Icariens pensaient s'établir au Texas, mais durent se contenter d'une contrée déserte où il leur était impossible de vivre groupés. Puis, Cabet les ayant rejoints à la Nouvelle-Orléans le 19 janvier 1849, ils trouvèrent un vaste terrain près de Nauvoo, une ville riveraine du Mississippi abandonnée par les Mormons. Deux ans plus tard, plus de cinq cents familles européennes étaient venues vivre dans ce qui était considéré comme la communauté de Cabet. Mais, déçus, divisés, les Icariens expulsèrent en décembre 1855 l'inventeur de l'Icarie, l'auteur de *Voyage en*

Icarie, qui, le cœur brisé, partit pour Saint-Louis où il mourut un an plus tard, terrassé le 15 octobre 1856 par une congestion cérébrale.

L'Icarie est-elle une chimère, comme l'Eldorado dans le *Candide* de Voltaire, comme ces « Amériques » dont un « matelot ivrogne » a été l'« inventeur », que ce soit Christophe Colomb ou n'importe lequel de ces « Conquérants de l'or » auxquels José-Maria de Heredia consacrera un long poème ? Tend-elle à devenir une « Cimmérie », celle vers laquelle se sentira entraîné Arthur Rimbaud par les « Délires II » d'*Une saison en enfer* (1873) ? La Cimmérie, le pays des morts par lequel était passé Ulysse dans la *nekuia* homérique, était devenue dans « Alchimie du verbe », la « patrie de l'ombre et des tourbillons ». Ou, plus banalement le « trois-mâts » n'a-t-il été que l'instrument du commerce, l'Icarie se confondant avec l'Eldorado et la fascination de l'or ?

Baudelaire, dans « Le Voyage », évolue bien vers un « En avant ! » (vers 122) qui permettrait de pénétrer courageusement dans les mystères de la Mort (titre de la sixième et dernière partie des *Fleurs du Mal*, que conclut « Le Voyage »). Les figures mythologiques (les trompeuses Sirènes, le fidèle Pylade, la solidaire Électre) évoquées à la fin de la septième partie du poème s'effacent pour ne laisser en place dans la huitième que la Mort, devenue le « vieux capitaine » d'un navire qui n'a plus rien d'un trois-mâts commercial. Cet ultime espoir n'est-il qu'une tromperie, qu'un « poison » ? Baudelaire écarte l'objection, et nous invite en s'invitant lui-même, à

> « Plonger au fond du gouffre, Enfer ou Ciel, qu'importe ?
> Au fond de l'Inconnu pour trouver du *nouveau* ! »

L'objectif a complètement changé. Il n'est plus ni politique ni moral, il est essentiellement poétique.

À la date de la composition du « Voyage » et à celle de sa publication dans la deuxième édition des *Fleurs du Mal*, Étienne Cabet était lui-même mort depuis trois ou cinq ans. L'Icarie est toujours présente dans la mémoire de Baudelaire. Elle a survécu à son inventeur, grâce au livre. La communauté qui a porté ce nom aux États-Unis a survécu elle-même jusqu'en 1895, année où, le 16 février, elle fut dissoute. Mais elle a laissé des traces jusqu'à aujourd'hui.

On a pu dénoncer l'aberration qu'il y avait à vouloir faire triompher en plein XIXe siècle l'idéologie du XVIIIe, à confondre république et idylle, à « s'obstiner », comme l'a fait observer Joseph Prudhommeaux, à « créer des oasis de bonheur fermées sur le dehors », des « îlots de perfection sociale disséminés au sein d'une société malheureuse et corrompue ». Pour Baudelaire, l'âme qui allait chercher un paradis en Icarie n'a trouvé qu'un « enfer », un « écueil ». Il plaint « le pauvre amoureux des pays chimériques », l'utopie n'apparaissant plus en effet que comme une chimère – une chimérie peut-être.

Pierre BRUNEL

L'UTOPIE RÉPUBLICAINE

La démocratie dans son fonctionnement quotidien évoque une médiocrité mélancolique et ennuyeuse. Les responsables politiques répondent pauvrement aux espoirs que la Promesse républicaine a suscités lors de sa naissance. Donner le même poids civil, juridique et politique à tous les citoyens, quels que soient leurs mérites et leurs qualités, respecter les procédures lentes et formelles par lesquelles l'ensemble des institutions politiques organisent la vie collective n'est ni romantique ni poétique ni enthousiasmant.

Pourtant, contrairement à cette image, la démocratie nourrit une utopie qui la rend particulièrement vulnérable et l'expose à une critique constante et justifiée. Elle se donne un idéal irréalisable. Elle fait reposer la légitimité politique et la source du lien social sur la communauté des citoyens libres et égaux, agissant de manière rationnelle dans la sphère publique pour régler selon la raison que partagent tous les êtres humains les problèmes de leur vie en commun. Elle est auto-référencée, productrice de ses propres normes et de sa propre légitimité, elle ne se réfère à aucune transcendance religieuse. Cette conception implique que les citoyens soient continûment critiques, en sorte que l'utopie démocratique, qui est aussi son idéal, par définition inatteignable, ne cesse d'être confrontée aux réalités quotidiennes, à l'asymétrie des relations entre les individus et les groupes. Le citoyen, par définition critique, ne manque pas de souligner et de dénoncer les manquements des démocrates à leurs propres valeurs ainsi que les effets pervers d'un régime fondé sur l'aspiration à la liberté et à l'égalité de ses membres.

Je voudrais partir d'un texte qui formule l'utopie démocratique avec la qualité d'écriture de l'époque, un texte de l'Abbé Sièyès s'adressant, le 20 juillet 1789, aux membres de l'Assemblée constituante :

> « Il n'y a point d'engagement, s'il n'est fondé sur la volonté libre des contractants. Donc, point d'association légitime, si elle ne s'établit pas sur un contrat réciproque, volontaire et libre de la part des coassociés [...]. [U]ne société fondée sur l'utilité réciproque est véritablement sur la ligne des moyens naturels qui se présentent à l'homme pour le conduire à son but ; donc cette union est un avantage, et non un sacrifice, et l'ordre social est comme une suite, comme un complément de l'ordre naturel. [...]. L'objet de l'union sociale est le bonheur des associés [...]. L'état social ne tend pas à dégrader, à avilir les hommes, mais tout au contraire à les ennoblir, à les perfectionner [...]. Loin de diminuer la liberté individuelle, l'état social en étend et en assure l'usage ; il en écarte une foule d'obstacles et de dangers auxquels elle était trop exposée sous la seule garantie d'une force privée, et il la confie à la garde toute-puissante de l'association toute entière. »[1]

Discours qui explicite lumineusement l'utopie démocratique. Elle repose sur un principe d'inclusion des hommes dans une même organisation politique dont la vocation est universelle. Elle renvoie à une conception de l'homme, issue de l'inspiration des Lumières, selon laquelle tous les êtres humains partagent la même raison et aspirent naturellement à la liberté. La société formée par les « coassociés », pour reprendre le vocabulaire de Siéyès, est la garante de la liberté de tous les êtres humains, c'est la société qui « étend » et « assure » l'exercice de cette liberté. Son but est le bonheur des « associés », c'est-à-dire le bonheur de tous les êtres humains. On sait que la Constitution américaine

---

1. Emmanuel-Joseph Sièyès, « Reconnaissance et exposition raisonnée des droits de l'homme et du citoyen », in *Orateurs de la Révolution française*, François Furet et Han Halevi éd., Paris, Gallimard (Bibliothèque de la Pléiade), 1989, p. 1007-1008.

se donnait également pour but – nous dirions pour principe de légitimité – d'assurer le bonheur des hommes :

> « Nous, le peuple des États-Unis, en vue de former une union plus parfaite, d'établir la justice, d'assurer la paix intérieure, de pourvoir à la défense commune, de développer la prospérité générale et d'assurer les bienfaits de la liberté à nous-mêmes et à notre postérité, nous ordonnons et établissons la présente Constitution pour les États-Unis d'Amérique. »[2]

Quels que soient les fragilités et les dévoiements des sociétés démocratiques concrètes que l'histoire a révélés par la suite et continue à révéler, la démocratie est un projet d'émancipation de tous les êtres humains.

Il est facile de dénoncer les manquements des démocraties à leurs propres valeurs. La littérature sociologique et l'air du temps le font sans trêve. Du projet colonial au racisme anti-noir aux États-Unis, de l'antisémitisme au sexisme et à l'accroissement des inégalités de toutes natures, les exemples des manquements aux principes démocratiques ne manquent pas.

C'est que la démocratie invoque des principes impossibles à appliquer tels quels – la liberté et l'égalité de tous, l'exercice de la raison commune à tous pour gérer les affaires communes –, en sorte que les critiques sont toujours justifiées lorsqu'on compare le monde social tel qu'on peut l'observer et le vivre aux principes dont les démocrates se réclament. La démocratie ne peut manquer de susciter les insatisfactions et la critique par la contradiction entre l'utopie dont elle se réclame et les réalités concrètes de la vie sociale.

---

2. « We the People of the United States, in Order to form a more perfect Union, establish Justice, insure domestic Tranquility, provide for the common defense, promote the general Welfare, and secure the Blessings of Liberty to ourselves and our Posterity, do ordain and establish this Constitution for the United States of America » (Constitution des États-Unis, Préambule).

L'utopie de la liberté comme de l'égalité se heurte à la réalité des contraintes intrinsèquement liées à la vie collective, à la force des lois et à celle des institutions. La liberté ne peut s'exercer qu'à l'intérieur des normes et des institutions qui l'organisent. Les individus démocratiques adhèrent passionnément à l'idée d'égalité et ne peuvent manquer de constater les inégalités de fait, nées de l'organisation inévitablement hiérarchique de la vie économique et des différences de capacité des individus. La démocratie, enfin, repose sur la valeur accordée à la dignité de chaque individu et les individus risquent de devenir des êtres anonymes et interchangeables dans le déroulement de la production et la consommation des biens et des services qui dominent aujourd'hui la vie collective.

Les manquements à leurs propres principes ne sont pas les seules causes de la fragilité des démocraties. La plupart des sociétés humaines ont remis à des puissances divines la responsabilité de régler les problèmes de leur vie commune. L'utopie démocratique, elle, porte sur le monde concret, celui de l'immédiat, l'immédiateté du temps et de l'espace, *hic et nunc*. Elle est sans cesse confrontée aux réalités, toujours ambiguës, de la vie concrète des hommes en société. L'utopie de la communauté des citoyens rationnels, libres et égaux, est de manière constante confrontée à la réalité sociale. Elle ne repose ni sur le récit enchanté d'un Âge d'or du passé qu'il s'agirait de ressusciter, ni sur la perspective d'un avenir radieux qui serait destiné à advenir dans un futur proche ou lointain. Elle dévalorise le passé parce qu'elle est tendue vers l'avenir et ne peut annoncer dans cet avenir que le développement, ou la simple amélioration, du présent. Elle ne donne pas à rêver comme le font les utopies révolutionnaires qui prônent la rupture radicale d'avec le présent et la réalité.

Plus généralement encore, elle ne donne pas de sens à l'expérience quotidienne et au mal et au malheur dont les individus démocratiques, comme tous les autres, ne peuvent manquer de faire l'expérience. La démocratie laisse à l'individu la responsabilité, le privilège et l'angoisse de choisir lui-même le sens qu'il donne à sa vie. Ce qui est vécu par les uns comme une forme essentielle de leur liberté peut être vécu comme un vide et une absence par les autres, laissant ainsi la place à toutes les formes de passions irrationnelles ou extrémistes.

Les individus démocratiques ne peuvent pas ne pas faire l'expérience de l'humiliation, parce que les échecs sociaux sont inévitables et que chacun en est personnellement responsable. La religion chrétienne donnait un sens à l'échec : l'homme, né coupable, pouvait être sauvé grâce au sacrifice du Christ. Dans une société sécularisée, chacun est condamné à admettre ses propres échecs et à les attribuer à son insuffisance personnelle. Tous peuvent se vivre à un moment donné comme des incapables ou des victimes. En organisant une concurrence généralisée qui ouvre formellement à tous toutes les possibilités et toutes les positions sociales, la société démocratique n'accorde plus d'excuses à ceux qui échouent ; leurs échecs ne peuvent plus être attribués au destin ou au seul complot des méchants. Les individus qui connaissent des déboires ne peuvent s'en prendre qu'à eux-mêmes, ils sont personnellement responsables de leurs déficiences. Lorsque tous les postes sont statutairement ouverts à tous, tous les individus, quelle que soit leur compétence et leur réussite, jusqu'aux présidents de la République, les monarques républicains de la France dont le mandat n'a pas été renouvelé, ne peuvent pas ne pas faire l'expérience d'un échec personnel et ils doivent le surmonter.

Parce qu'elles portent un projet utopique, qu'elles donnent la prééminence non pas à la grandeur ou à la puissance de la nation, mais au bonheur de leurs membres, les démocraties nourrissent inévitablement critiques et indignations justifiées. Elles suscitent les frustrations et les humiliations.

Il est vrai, si l'on veut être optimiste, que l'histoire n'est jamais écrite d'avance, il est vrai aussi que c'est par leurs conflits que les démocrates se reconnaissent les uns et les autres comme formant une même organisation politique, une même communauté : c'est par le conflit qu'ils créent du lien social. Ils forment une société apparemment instable, et fragile, mais elle est peut-être adaptée à la nature humaine, parce que celle-ci est complexe et insatiable, avide de liberté et d'égalité, confrontée aux réalités également complexes de la vie sociale. « Je plie, mais ne romps pas », répondait le roseau au chêne. Tous les peuples n'ont-ils pas une aspiration à la liberté politique, même ceux qui n'ont pas appris le respect des institutions démocratiques qui lui donnent un sens concret ? Alors, soyons optimistes...

Dominique SCHNAPPER

DE LA SOURCE DES PÊCHERS
À SHANGRI-LA

Les remarques qui suivent n'ont d'autre prétention que de présenter quelques faits culturels d'Extrême-Orient que l'on peut mettre en regard de la notion d'Utopie telle que nous la connaissons en Europe. L'on verra que l'Asie sinisée a aussi conçu des contrées imaginaires comme moyen d'expression d'idéaux politiques, mais tournés davantage vers la fuite du monde présent et de ses dirigeants corrompus. L'aspect programmatique que l'on associe aux utopies occidentales y apparaît comme beaucoup moins prononcé. Je pensais fort naïvement, en acceptant de participer à la rencontre sur l'Utopie qui a mené à la rédaction de ces quelques pages, pouvoir faire part d'idées modérément originales sur une connexion possible entre deux représentations utopiques, idées qui m'étaient venues au hasard de mes lectures, mais les quelques recherches que j'ai pu mener pour l'occasion m'ont fait découvrir que plusieurs les avaient déjà exprimées sous une forme ou une autre, bien qu'il existe certainement quelques différences dans l'articulation des notions ici présentées. Cela montre du moins qu'elles ne sont pas complètement absurdes.

*

* *

Disons tout d'abord que l'Extrême-Orient, la Chine et le Japon en tout cas, connaissent bien l'*Utopie* de Thomas More, du moins dans son contenu général. Alors qu'au Japon, la dénomination courante est une simple transcription phonétique, *yûtopia*, le chinois (et le sino-japonais), pour des raisons de détermination graphique, donne plusieurs termes.

Le premier semble provenir du Japon, d'une version japonaise du texte de More à la fin du XIXᵉ siècle : *risô-kyô / lixiang-xiang* 理想郷 ou « pays idéal ». Cette traduction, comme beaucoup d'autres à la même époque, fut transmise en Chine par l'intermédiaire des intellectuels chinois qui s'initiaient au Japon aux sciences occidentales. Pour ce mot précisément, il semble que ce soit le fondateur de la littérature en langue moderne Lu Xun (Lou Siun ; 1881-1936) qui le fit passer dans la langue chinoise.

Il existe encore deux termes courants en chinois, et un troisième moins courant : l'un est un composé mixte phonétique et sémantique : *wutuo-bang* 烏托邦 ou « contrée de Wutuo », *wutuo* reproduisant les deux premières syllabes d'Utopia. C'est sans doute le terme le plus usité actuellement pour traduire le mot européen. L'autre est purement chinois : *wu-you zhi xiang* 烏有之郷, dont les connotations sont bien plus riches. On pourrait le traduire par « le pays non-existant », ou mieux « le pays (dont on ne peut dire que) "comment existerait-il ?" », composé signifiant dont les deux premiers caractères, *wuyou*, ont en langue classique le sens de « comment y aurait-il ? », avec une réponse négative attendue. Le terme de *xiang* (lu *sato* en lecture explicative japonaise), avec ses résonances affectives et poétiques, serait peut-être au mieux traduit par le mot provençal *lou païs*. On remarquera que le premier caractère, *wu*, est le même dans la transcription phonétique comme dans la traduction, pris phonétiquement dans le premier cas et au sens interrogatif dans le second, en une belle illustration de la plasticité des caractères chinois. Si le composé phonétique est désormais la traduction ordinaire d'*utopie*, le terme *wuyou zhi xiang* n'a rien perdu de sa vitalité, puisque c'est à présent le nom d'un site anti-gouvernemental très actif en Chine continentale.

On trouve enfin un terme voisin du précédent, mais plus directement inspiré du corpus littéraire attribué à l'illustre Tchouang-tseu (Zhuangzi, IVᵉ s. av. J.-C.) : *wuheyou zhi xiang* 無 何有之 鄉, que nous pourrions traduire par « le pays n'existant d'aucune façon ».

Il est intéressant de constater, dans cette traduction, une réminiscence du second père du taoïsme après Lao-tseu (Laozi), vers lequel il faut à présent nous tourner.

*

* *

Lao-tseu aurait vécu un ou deux siècles avant Tchouang-tseu, au VIᵉ ou au Vᵉ siècle av. J.-C., bien que le célèbre *Livre de la Voie et de sa vertu* (*Daodejing*) qui lui est attribué représente dans l'état où nous le possédons un texte plus tardif, mais qui était probablement fixé autour du IIIᵉ siècle, le livre de Tchouang-tseu lui étant considéré comme postérieur, encore que la recherche actuelle ait tendance à annuler, voire à inverser la différence chronologique entre les deux œuvres. On sait que ces deux sages taoïstes sont aussi à l'origine d'une tradition très vivace d'opposition au pouvoir établi tout au long de l'histoire chinoise, au point qu'ils finirent par rejoindre au XXᵉ siècle les courants anarchistes inspirés d'Occident dans les écrits de certains intellectuels très actifs avant la Seconde Guerre mondiale.

Des quatre-vingt-un courts chapitres que compte le texte tel qu'il s'est transmis en Chine, quelque peu différent de celui révélé par les découvertes archéologiques du XXᵉ siècle, c'est le dernier qui résume au mieux l'idéal politique attribué à son auteur. Traduisons-le succinctement, avec nulle autre prétention que d'en donner le sens tel qu'il est généralement compris en Chine et au Japon, selon une version que l'on pourrait qualifier de vulgate :

« Réduisons le royaume et diminuons le peuple ; faisons en sorte qu'il y ait un matériel militaire suffisant, mais sans l'utiliser ; faisons en sorte que le peuple fasse grand cas de la mort et n'aille pas dans des expéditions lointaines. Bien que l'on possède navires et chars, qu'il n'y ait pas d'occasion d'y monter ; bien qu'il y ait cuirasses et armes, qu'il n'y ait pas d'occasion de les déployer. Faisons en sorte que le peuple revienne à l'usage des cordes à nœuds (en guise d'écriture). Tel est le summum du gouvernement. Savourer la bonne chair, embellir les costumes, assurer un habitat paisible, des mœurs agréables... »

Les dernières phrases en particulier sont restées fameuses dans les lettres chinoises : « *bien que l'on puisse se voir d'un royaume voisin à l'autre, bien que l'on entende de l'un à l'autre les voix des chiens et des coqs, leurs habitants arrivent au vieil âge et à la mort sans jamais se rencontrer.* » On voit bien que l'on est loin d'un idéal anarchique tel qu'il fut répandu en Europe : Lao-tseu parle de « royaume, principauté » (*guo*), une entité politique régie par un prince le plus souvent héréditaire, et les premières phrases du paragraphe évoquent plutôt un pays comme la Suisse ou le Luxembourg qu'un État purement imaginaire ; il n'y a pas de rejet du pouvoir en tant que tel, mais seulement du pouvoir démesuré, des ambitions politiques qui font qu'un royaume se lance dans la conquête de ses voisins. Ce sont les derniers mots, transformant ces principautés en monades séparées, voire en villages gaulois d'Astérix avec banquets permanents et fêtes quotidiennes, qui ouvrent une dimension moins réaliste.

*
* *

La remarque de Lao-tseu sur les « voix » des chiens et des coqs que l'on entend des contrées voisines va se retrouver dans l'un des plus célèbres textes des belles-lettres chinoises, rédigé au moins sept siècles plus tard, la « Relation de la Source des

Fleurs de pêcher » (*Taohuayuan-ji* 桃 花 源 記, daté de 421). Son auteur est l'illustre poète T'ao Yuan-ming (*Tao Yuanming* ; de son nom personnel T'ao Ts'ien [Tao Qian] ; vers 365 ou 376-397), connu par ses poèmes chantant le retour à la campagne ou la vie solitaire au milieu des hommes. Cette relation d'une visite à un site imaginaire a profondément marqué la littérature chinoise et fut très lue aussi au Japon et l'on peut dire que le toponyme de Source des Fleurs de pêchers est ce qui correspond le plus étroitement dans la tradition extrême-orientale à l'Utopie européenne, ce qui rend les différences entre les deux conceptions d'autant plus remarquables.

Aussi connu au Japon qu'en Chine, voici à peu près ce que relate le texte, que j'adapte librement : sous la dynastie des Tsin, dans les années 376-397 (date qui ne fait que donner un air de vraisemblance au récit), dans la province du Hunan, un homme qui vivait de la pêche remonta un jour un cours d'eau à la barque afin d'y attraper du poisson. Il s'aventura loin de l'aire où il œuvrait d'ordinaire jusqu'à pénétrer dans une forêt de pêchers en fleur qui recouvrait les deux berges sur plusieurs centaines de pas. Nulle autre essence ne venait maculer la beauté de ces frondaisons qui enivra d'étonnement le pêcheur au point qu'il voulut la parcourir toute entière. Or, elle se terminait par une source qui surgissait d'une montagne. Il y avait là une petite ouverture où il lui sembla voir une lumière. Abandonnant son esquif, il y entra.

Fort étroite au début, l'ouverture s'élargissait suffisamment pour permettre à un homme d'y passer, jusqu'à ce que, poursuivant plus avant, il débouchât brusquement sur un espace ouvert, un vaste terrain plat aux maisons bien alignées, avec de belles rizières, des étangs plaisants, des champs de mûriers et des bosquets de bambous, le tout parcouru de chemins réguliers. On entendait coqs et chiens. Des paysans allaient et venaient, hommes et femmes aux vêtements comme ceux de l'extérieur;

vieillards grisonnants et jouvenceaux aux cheveux défaits semblaient pareillement libres de tout souci.

On aperçut le pêcheur, non sans surprise. On lui demande d'où il vient et il répond en détail. On le ramène chez soi, on sert le vin, sacrifie un poulet pour préparer un repas de bienvenue. Tout le village accourt aux nouvelles. Les villageois racontent qu'autrefois, pour échapper aux désordres qu'entraîna la prise du pouvoir par l'empereur des Ts'in (221 av. J.-C.), ils avaient pris avec eux femmes et enfants afin de venir en ce lieu écarté du monde, d'où ils n'étaient jamais ressortis et étaient désormais restés séparés des gens de l'extérieur. On lui demanda en quelle ère on était ; ils ignoraient tout des Han, sans même parler des Wei et des Tsin. Et lui de répondre par le menu à toutes leurs questions, et tous de pousser des soupirs désolés. Le reste des villageois tint à l'inviter chacun à son tour à un banquet et il demeura plusieurs jours avant de prendre congé. On lui dit qu'il ne valait pas la peine de parler de tout cela aux gens de l'extérieur.

L'hôte ressortit par où il était venu, retrouva sa barque et rebroussa chemin, prenant soin de disposer de loin en loin des repères. Mais en citoyen consciencieux, arrivé au chef-lieu, il se rendit aussitôt auprès du préfet pour lui expliquer la chose. Celui-ci envoya des gens pour suivre la route qu'il avait prise, en recherchant les repères, mais ils ne purent retrouver le chemin. Il y eut plus tard un personnage distingué qui tenta l'aventure, mais mourut sans y parvenir.

Bien évidemment, la mention des coqs et des chiens que l'on entend dans le lointain est là pour rappeler le passage de Lao-tseu, si besoin était. T'ao Ts'ien évoque le dégoût d'une partie du peuple pour les guerres qui menèrent à l'unification de la Chine, lorsque l'on eut largement recours aux armes et envoya le peuple en expéditions lointaines, toutes choses contre lesquelles le Vieux Sage mettait en garde. Tout lecteur comprend que les exclus de T'ao Ts'ien suivent les préceptes de Lao-tseu : mœurs paisibles et agréables, bonne chère, et force soupirs en apprenant qu'à l'extérieur, ça ne va pas mieux. L'histoire se pimente d'un trait légèrement fantastique lorsque l'on comprend que la Source des Fleurs de pêcher est inaccessible au commun des mortels, mais il n'y a pas de surnaturel à proprement parler. On voit que la majeure préoccupation, dans ce texte qui représente sans doute la plus célèbre vision de l'utopie chinoise malgré sa brièveté, semble être la sortie de l'histoire, voire la « fin de l'histoire », comme l'indiquent le refus des Ts'in et l'ignorance des dynasties postérieures, dont la simple mention provoque des soupirs de tristesse.

Ce texte court connut une immense postérité et l'on disserta longuement sur ce qu'il décrivait au juste. T'ao Yuan-ming parlait-il d'immortels taoïstes (*xianren*) ? Mais alors comment pouvaient-ils tuer des poulets pour se nourrir ? Le grand écrivain rationaliste Han Yu (768-824) composa l'un de ses plus célèbres poèmes, l'*Illustration de la Source des Pêchers* (*Taoyuan-tu*), comme une sorte d'ecphrasis de ce texte, qu'il remet plus résolument dans un contexte taoïste.

*
* *

Par une amusante coïncidence, l'expression chinoise que nous avons rendue plus haut par « terrain plat », *diping*, se trouve dans le mot qui traduit le terme occidental « horizon », ce qui nous mène directement au roman de James Hilton (1900-1954), *Lost Horizon* (1933), dont le titre français était *Les horizons perdus*. Bien oublié de nos jours, ce titre ne subsiste plus guère que dans la mémoire des amateurs de cinématographe comme celui du film de Frank Capra (1937), réalisé d'après le roman et dont le succès fut mondial. Je ne peux le résumer ici, mais le texte original se trouve facilement sur l'Internet, il est très court et de lecture aisée. Disons simplement qu'il narre les destinées de trois Britanniques et d'un Américain qui se retrouvent captifs dans un monastère situé au sein de l'envoûtante vallée de Shangri-La, toponyme à l'allure tibétaine bien que difficilement analysable, Shang semblant être un toponyme du Tibet central, *ri* signifiant « montagne » et *la* « col » dans cette langue. Le protagoniste, Conway, ancien militaire qui combattit courageusement pendant la Grande Guerre et membre désabusé du personnel diplomatique, découvre peu à peu que les « grands initiés » du monastère vivent sous l'autorité spirituelle d'un « lama » luxembourgeois (encore qu'il appelle un Français son « compatriote »), lui-même ancien missionnaire capucin arrivé dans cette vallée en 1719. Il est donc âgé de plus de deux cents ans lorsque le récit se déroule. L'auteur situe à cinq reprises cette vallée dans la chaîne des K'ouen-louen (orthographiée par lui « K'uen-lun »), à l'ouest de l'Himalaya.

Bien que ce roman ait longtemps été considéré comme un exemple typique de l'imagerie « orientaliste » et colonialiste, elle-même imaginée par les dociles disciples d'Edward Saïd, des lecteurs plus perspicaces ont remarqué la ressemblance entre le récit de Hilton et celui de T'ao Yuan-ming, sans que l'on puisse démontrer un lien direct entre les deux textes. On s'accorde le plus souvent à évoquer comme source du roman les ouvrages de l'explorateur austro-américain Joseph Rock (1884-1962), qui reste connu pour ses écrits sur les populations Naxi et ses voyages dans l'est du Tibet, alors que les K'ouen-louen sont à l'ouest. On pourrait faire de longs développements sur les ressemblances et les différences entre Hilton et T'ao Ts'ien. En particulier, l'un des buts des initiés de Shangri-la est d'atteindre une longévité supérieure à celle du commun des mortels, bien qu'encore vraisemblable, puisque le « grand lama » Perrault va bientôt mourir ; cette préoccupation, paradoxalement, n'apparaît pas chez l'écrivain chinois, sans que l'on sache vraiment si les habitants de la Source des Fleurs de Pêcher soient ceux-là mêmes qui ont fui les Ts'in ou leurs descendants. Il est malgré tout singulier que Hilton, s'il a effectivement lu les articles de Rock dans le *National Geographic*, ait choisi de situer son paradis terrestre dans les K'ouen-louen, qui sont précisément la mythique terre d'élection des pratiquants du taoïsme, où ils se rendent une fois qu'ils ont déployé leurs pouvoirs surnaturels. Il a également paru à beaucoup que cette vallée hors du monde correspond bien à l'image tibétaine des *sbas yul* ou « contrées cachées », où se cachent les grands maîtres.

On remarquera encore que cet endroit fabuleux, comparé non sans une pointe d'humour à l'université d'Oxford par le protagoniste, se voit aussi fixer une mission précise par l'Abbé : transmettre aux âges futurs le meilleur de la civilisation par-delà la période de barbarie où va replonger le monde à la suite de la guerre totale qui menace (le roman est écrit en 1933). Cette touche politique n'est pas sans rappeler la fuite des habitants du Taoyuan-xiang à l'arrivée de la tyrannie Ts'in.

Et bien évidemment, le toponyme même de Shangri-La résonne de façon indéniable avec Shambala, paradis du bodhisattva Maitreya dans certains courants bouddhiques tibétains et popularisé en Occident avec les doctrines théosophiques de l'inénarrable Madame Blavatsky. À sa suite, l'occultisme occidental, dont Theodor Adorno rappelait que c'était « *die Metaphysik der dummen Kerle* », répandit la nostalgie de Shambala dans les milieux les plus divers. La grande expédition que le Russe blanc Nicholas Roerich mena à travers le Turkestan chinois, l'Himalaya et le Tibet dans la seconde moitié des années vingt du xxᵉ siècle, si fructueuse par ses divers apports, avait comme but plus ou moins ouvertement avoué de trouver Shambala, et l'on remarquera qu'elle eut lieu très peu d'années avant le roman de James Hilton. Cette fièvre s'empara de tous les bords politiques : si Roerich trouva un accueil princier aux États-Unis, de l'autre côté de l'horizon idéologique, un activiste bolchévique aussi enthousiaste que Iakov Blumkine, à la fin de sa vie, fort écourtée sur les ordres de Staline, se trouva dans l'obligation d'aider à découvrir le mystérieux royaume, ainsi que nous l'apprend l'ouvrage passionnant de Christian Salmon, *Le projet Blumkine*, tandis que les envoyés de Himmler au Tibet étaient investis de la même mission. Ce singulier tropisme, en son invraisemblable ampleur, a fait l'objet de nombreuses études partielles et détaillées, mais jamais encore d'un travail d'ensemble, à ma connaissance du moins. Un roman tout récent, *La conspiration de Göttingen* de Jérôme Legras, achève d'ailleurs de confondre Shambala et Shangri-La en employant le second terme pour désigner le premier.

*

* *

Une chose est certaine, les Chinois eux-mêmes virent immédiatement le lien entre la Source des Fleurs de pêcher et Shangri-La ; preuve en est que lors de la Seconde Guerre mondiale, le film de Frank Capra sortit dans certaines villes chinoises sous le titre de *Romance de la Source des Fleurs de pêcher* (*Taohuayuan yanji*).

La suite coule de source, pourrait-on dire. En 1971, un M. Robert Kuok fonda à Hongkong la compagnie Shangri-La Hotels and Resorts comptant près d'une centaine d'hôtels de luxe dans le monde entier, dont un à Paris qui a pour horizon la tour Eiffel. Et il fallait bien sûr que l'utopie devînt réalité, avec en 2001 la création de la ville de Shangri-La (Xianggelila-shi en chinois), dans la province du Yunnan, l'un des endroits décrits par Joseph Rock, en un lieu appelé rGyal-thang en tibétain, Zhongdian en chinois. Cette espèce de Disneyland se propose de devenir une attraction touristique majeure. De Hilton à Shangri-La, nous voyons que les hôtels sont devenus les hauts lieux de l'utopie moderne.

Nous ne pouvons qu'inviter ceux que cela intéresse à regarder sur YouTube la brève séquence d'un film tourné à Hongkong en 1956 par Zhang Shankun et Wang Tianlin et intitulé *Taohua-jiang*, « Le fleuve des Fleurs de pêcher », dont les premières images sont une mise en scène très fidèle de la description de T'ao Yuan-ming, bien que l'histoire se déroule à l'époque moderne, dans la même province du Hunan que le texte médiéval.

Jean-Noël ROBERT

UTOPIE ET MATHÉMATIQUES

Il est clair quand on y réfléchit qu'il y a un lien entre mathématiques et utopie. Mais je n'y avais jamais réfléchi avant que Michel Zink ne me suggère ce thème pour intervenir ici. Voici donc quelques éléments de réflexion, encore mal dégrossis.

Je commencerai par Alan Turing et je finirai par Platon.

Alan Turing est le créateur de la machine de Turing, et la machine de Turing est partout dans le monde actuel, parce que c'est le modèle des ordinateurs. Il est donc surprenant de la considérer comme une utopie. Cependant, au moment de sa création, c'en est une : elle n'existe nulle part, c'est une théorie mathématique très belle, qui rend compte de la pratique proprement humaine du calcul. Nous savons tous ajouter, soustraire, multiplier, diviser, et faire une multitude d'opérations de calcul ; il semble impossible *a priori* de réduire cette multitude à quelques opérations très simples. Mais c'est ce que fait Turing, avec une machine idéale, comportant un ruban qui peut avancer d'un cran, et sur lequel, à chaque étape, on peut écrire 0 ou 1 ; tous les calculs peuvent s'exprimer par des règles d'écriture. Il existe même une machine de Turing universelle, qui rend compte de toutes les opérations de toutes les machines de Turing possibles. Elle est parfaitement définie mathématiquement, et c'est, en 1936, un objet mathématique tout à fait nouveau. Il n'existe nulle part, c'est littéralement, une utopie.

Comme toutes les bonnes utopies, elle repose sur une exploration du monde réel, en l'occurrence la pratique ancestrale et sans cesse élargie du calcul par les êtres humains. Elle s'évade du monde réel par un pur travail de la pensée. Mais, comme les meilleures des utopies, ce n'est pas vraiment une évasion, c'est plutôt une sublimation. Et si la sublimation, c'est-à-dire l'abstraction, est réussie, elle est capable d'alimenter le monde réel de réalisations nouvelles et imprévues.

Ce que je viens de dire de Turing et des mathématiques se transcrit aisément à d'autres grands créateurs dans d'autres sciences. Mais, pour les mathématiques, il s'agit d'un aspect général de cette science : elle élabore et étudie des objets qui ne se trouvent nulle part dans le monde réel. Sur la nature et l'origine de ces objets les platoniciens ont une réponse : ils forment une réalité extérieure à ce que nous appelons le monde réel. Je me référerai maintenant aux mathématiques les plus élémentaires et les plus classiques, et à Platon lui-même, pour tenter de vous montrer que le monde des objets mathématiques, qui est au sens propre utopique, est puissamment relié, en amont et en aval, au monde réel de tous les jours. Mais, comme dans le cas de la machine de Turing, il aura exigé un travail créateur, une abstraction, qui me semble être la source des mathématiques à travers les âges.

Nous savons tous ce qu'est une sphère. Les mathématiciens la définissent comme l'ensemble des points de l'espace qui se trouvent à une distance donnée d'un point donné. Ce point s'appelle le centre de la sphère. Ainsi, la sphère est une surface ; on peut penser à un ballon ou à une bulle de savon. Il y a une multitude d'objets sphériques, et nous savons bien les reconnaître et les utiliser. Mais qui a jamais vu le centre d'un objet sphérique ? La définition de la sphère est bonne parce qu'elle est simple et qu'elle permet, par un enchaînement d'observations et de preuves, de voir et de démontrer toutes les propriétés, de courbure en particulier, qui nous font reconnaître qu'un objet est sphérique. Mais la sphère mathématique est une utopie.

J'en viens à Platon.

Au temps de Platon, les artisans du cuir fabriquaient des ballons en cousant douze pièces pentagonales. Encore récemment, les ballons de football étaient construits à l'aide de douze pentagones. Dans la chimie fantastique du *Timée*, les polyèdres réguliers sont associés aux éléments, le tétraèdre au feu, le cube à la terre, l'octaèdre à l'air et l'icosaèdre à l'eau. Et qu'en est-il du dodécaèdre, qui est formé de douze pentagones ? La réponse du *Timée* est intéressante : c'est sur son modèle que le créateur a construit l'univers. Ainsi le créateur a la même pratique en face du dodécaèdre que les artisans du cuir.

On peut sourire, mais l'idée de Platon est profonde. Les polyèdres réguliers ont des symétries. Avec l'icosaèdre, mais de façon plus visible, le dodécaèdre a le plus de symétries, le groupe des déplacements qui le laissent invariant est le plus grand. Et pour la sphère, le groupe des déplacements qui la laissent invariante est le plus grand possible. La formule de Platon, *omoïotaton*, est bien choisie : c'est la figure la plus semblable à elle-même. Ainsi il est naturel d'associer le dodécaèdre à la sphère.

J'ai qualifié la chimie de Timée, c'est-à-dire la chimie de Platon, de « fantastique ». Elle est utopique, clairement. Est-elle si étrangère qu'on le pense à la réalité ? Je crois, au contraire, que c'est le premier modèle atomique qui se rattache dans sa conception et son fonctionnement à la réalité atomique que nous connaissons aujourd'hui. Cela mérite, si vous le voulez bien, quelques mots d'explication.

Les polyèdres qui représentent les éléments ne sont pas des solides, mais des surfaces. Les noms de tétraèdre, octaèdre, icosaèdre, dodécaèdre expriment le nombre des faces : 4, 8, 20, 12. Le cube a six faces, qui sont des carrés ; les faces des tétraèdres, octaèdres et icosaèdres sont des triangles équilatéraux. Mais ici apparaît une idée curieuse et profonde : chaque face est une réunion de triangles rectangles, et ces triangles peuvent se ré-agencer ou au contraire se fractionner pour former d'autres polyèdres, plus grands ou plus petits, mais de même forme. Ainsi les faces du cube sont des carrés striés par leurs diagonales, et le regroupement des triangles rectangles qui forment les faces permet de construire un grand cube à partir de deux petits cubes. Les faces des triangles équilatéraux sont striées par les hauteurs, qui divisent le triangle équilatéral en six petits triangles rectangles, et le regroupement de ces triangles permet d'obtenir un grand polyèdre à partir de trois petits polyèdres de même forme (tétraèdre, octaèdre ou icosaèdre). Ainsi chaque élément, feu, terre, air ou eau, est représenté par une classe de polyèdres de même allure mais de dimensions différentes, et dans chaque classe les surfaces sont proportionnelles à des puissances de deux pour le cube et à des puissances de trois pour les autres polyèdres. Pourquoi dis-je que c'est une idée profonde ? Parce qu'aujourd'hui nous pouvons, avec de la bonne volonté, y voir l'apparition de la notion de groupe de symétries qui est fondamentale en physique.

Le réaménagement des polyèdres est la base de la chimie du *Timée*. Dans toutes les opérations de la chimie, le cube ne se mélange pas aux autres, la terre reste la terre. Mais les autres se prêtent à des transformations. Mon illustration favorite est bien dans l'esprit du *Timée*, même si elle n'y est pas explicitée. C'est le mélange du feu et de l'eau ; ce mélange fait bouillir l'eau, et produit donc de la vapeur d'eau, c'est-à-dire de l'air.

Il est bien vrai qu'avec un tétraèdre et un icosaèdre on peut produire des octaèdres, selon la formule : $4+20 = 3 \times 8$, et d'ailleurs avec les trois octaèdres on peut en former un plus grand. Cette chimie est une construction intellectuelle purement utopique, et on peut se dire que c'est une mauvaise utopie puisqu'elle ne mène nulle part. Je voudrais vous convaincre que les polyèdres de Platon sont en prise avec la réalité telle que nous la connaissons aujourd'hui.

J'ai déjà parlé du dodécaèdre et des ballons de football. Disons qu'on peut paver la sphère avec douze pentagones. On peut aussi la paver avec douze pentagones et vingt hexagones ; c'est ce qu'a fait l'architecte Fuller pour la construction de l'immense coupole qu'ont connue les visiteurs de l'Exposition universelle de Montréal en 1966. Ainsi pavée, la sphère porte soixante sommets, et elle est réalisée dans la nature sous la forme du carbone 60, une grosse molécule creuse qui est constituée de soixante atomes de carbone. Les chimistes l'ont appelée « fullerène », en hommage à Fuller. Ils savent comment la construire, mais on l'a d'abord découverte dans le cosmos. Ainsi va la science.

Je résume. Les mathématiciens, dans leurs recherches, sont amenés à travailler sur les objets mathématiques comme s'ils étaient réels, dans un monde qui s'apparente à l'extérieur de la caverne de Platon. Ils sont donc spontanément platoniciens. C'est vrai de la plupart des mathématiciens, et ils ont donc un lieu pour ce que j'ai appelé l'utopie mathématique, c'est leur monde et le monde de Platon. J'ai tenté de vous montrer l'origine de l'utopie dans notre monde de tous les jours, aussi bien chez Turing que chez Platon lui-même, et la puissance de l'utopie mathématique dans son retour au monde des êtres humains. Comment l'évasion est un facteur de la découverte, les mathématiciens le ressentent au même titre et peut-être plus encore

que les astronautes. Le thème de l'utopie est donc une façon
de traduire une grande partie de ce qui fait le charme du métier
de mathématicien. Merci à tous de m'avoir écouté et merci à
Michel Zink de m'avoir proposé ce sujet*.

Jean-Pierre KAHANE

---

* Il me faut ajouter une observation de Didier Roux, qui a été le premier lecteur de ce
texte. L'intuition de Turing avait été précédée par celle d'Ada Lovelace. Cela n'ôte rien
à Turing, mais c'est l'occasion de souligner le rôle d'Ada Lovelace dans la gestation de
l'informatique.

LA MAISON MOBILE

On eût pu s'attendre à ce que, familier du latin humaniste, je m'attache à l'un des deux grands penseurs de l'utopie politique, Thomas More, qui crée le mot au XVIᵉ siècle, ou Campanella, dont la *Cité du soleil* paraît au début du siècle suivant. Mais d'autres s'y emploieront mieux que moi : aussi ai-je choisi d'attirer votre attention sur deux autres acteurs plus rarement cités dans ce contexte, le premier surtout, l'un et l'autre lecteurs et héritiers du Grec Lucien, inventeur du récit de science-fiction. Je le ferai en adoptant le parti thématique retenu par les auteurs du *Dictionnaire de l'utopie au temps des Lumières*, où je relève naturellement l'entrée « Architecture » et l'entrée « Ville », mais où j'introduirai à mon tour l'article « Maison ».

Ce mois de janvier paraît aux Belles Lettres, dans la traduction de Claude Laurens, avec une préface dont je suis l'auteur, une œuvre de Leon Battista Alberti, composée soixante-dix ans avant l'*Utopie* de Thomas More et intitulée *Momus ou le Prince, fable politique*.

« Uomo universale », né à Gênes, fils illégitime d'une grande famille florentine en exil, Alberti est comme une première mouture de Léonard de Vinci. Architecte, ami de Brunelleschi, on lui doit la façade de Santa Maria Novella et les plans du palais Rucellai à Florence, cependant que, nouveau Vitruve, il écrit le premier traité moderne d'architecture. Peintre, on lui attribue le ciel de la voûte de la sacristie de San Lorenzo ; mais surtout, dans le *De pictura*, qui élève le métier à la hauteur d'un art libéral, il dévoile, premier des modernes, les lois de la perspective. Ingénieur, inventeur de machines – il conçoit, avant Léonard, la *camera oscura* et le gyromètre, l'horloge portable, l'écluse, un bolide pour mesurer la profondeur des eaux – c'est lui qui dirige l'entreprise de renflouement d'un des deux navires romains du temps de Tibère échoués au fond du lac de Némi.

Son héros est à bien des égards un double de lui-même, mais ce n'est pas pour rien qu'il porte le nom que les Anciens avaient donné au dieu de la critique. C'est un éternel mécontent. Demidieu exilé sur terre en raison de son mauvais caractère, doté d'un esprit au rebours des autres, Momus multiplie les provocations : il soutient contre les philosophes la thèse de l'inexistence des dieux, enseigne aux jeunes femmes l'art de tromper grâce au maquillage, donne aux mortels l'idée d'adresser des vœux aux dieux d'en haut : l'idée poétique consiste à matérialiser, à donner consistance aux innombrables souhaits « adressés » au ciel inconsidérément et qui par myriades finissent par encombrer le séjour divin comme nos déchets aujourd'hui la surface de la terre et l'espace lui-même, encombré de fragments de satellites : pollution morale, en somme, encore plus cocasse et parlante aujourd'hui que la pollution matérielle est devenue un problème planétaire.

Mais déjà les premières pages nous ont renseignés sur son inventivité. Voici le contexte : Jupiter très bon et très grand vient d'édifier son merveilleux ouvrage, le monde, et, désirant qu'il soit en tous points le plus parfait possible, il a ordonné aux dieux d'apporter chacun pour sa part quelque chose de raffiné et de digne de lui. Ils rivalisent tous pour obéir à ce commandement. Seul Momus, arrogant et rebelle selon sa nature, se vante d'abord de ne rien proposer, puis, réfléchissant à une chose digne de lui, il remplit le monde de punaises, teignes, guêpes, frelons, cancrelats et autres bestioles funestes à sa semblance et comme tous commencent par en rire, il se met à critiquer les dons des autres et à dénigrer leurs auteurs. Je cite :

> « Parmi tous les autres illustres artisans célestes on admirait tout particulièrement pour leurs dons Pallas qui avait imaginé le bœuf, Prométhée l'homme, Minerve la maison... Alors que tous les autres dieux les portaient aux nues, seul Momus les critiquait. Sans doute, disait-il, le bœuf est utile et assez bien conçu pour ce qui est du courage et de l'endurance au travail mais ses yeux, placés sur le front, ne sont pas au bon endroit de sorte que quand il charge, les cornes en avant, les yeux baissés vers le sol, il ne peut frapper son ennemi à l'endroit visé et c'est avoir été un bien mauvais artisan que de ne pas avoir placé au moins un œil à l'extrémité de ses cornes. Pour l'homme, c'était sans doute une chose quasi divine, mais la beauté qu'on voyait en lui n'était pas une invention de son auteur : elle venait de ce qu'il avait été fait à l'image des dieux. Et puis dans cet ouvrage il lui semblait stupide d'avoir dissimulé dans la poitrine et à l'intérieur des entrailles la pensée, qu'il eût convenu de loger à la hauteur du front dans la partie la plus visible du visage. Quant à la maison il assurait de même qu'elle ne méritait pas l'approbation que lui accordaient les dieux dans leur ignorance puisqu'elle n'était pas montée sur des roues qui puissent, en cas de mauvais voisinage, la transporter dans un endroit plus calme. »

La proposition est plaisante, par la contradiction sur laquelle elle repose, la maison étant par essence l'outil de la sédentarisation, et je la retiens parce que, mise dans la bouche de l'éternel mécontent, elle met en lumière un des ressorts de l'utopie qui est l'insatisfaction – qu'est-ce que les caravanes des *New Age travellers* dans les années quatre-vingt, sinon une révolte contre la société urbaine dans l'Angleterre de Margaret Thatcher ? Mais l'invention n'est pas d'Alberti. Elle aurait pu être de Lucien, qui justement est celui qui a donné figure au dieu de la critique ; mais la source est ici, tant pour le bœuf que pour l'homme et la maison, une fable d'Ésope, qui avait lu Hésiode, le premier à avoir dit que le pire des maux est un mauvais voisin.

Arrivé par un biais au cœur de mon sujet, il me faut invoquer un autre témoin, qu'on a appelé le Jules Verne du XVIIe siècle : c'est Cyrano de Bergerac dans *Les États et empires de la lune* (1657). Le titre à lui seul fait, ici encore, référence à une fiction lucianesque : l'écrivain grec avait représenté, dans *L'Histoire vraie*, le rêve de voler et le premier voyage de l'homme sur la lune. Cette première donnée est le prétexte à mille autres inventions surprenantes : ceintures de fioles de rosée échauffées par le soleil utilisées comme moyen de locomotion (l'idée est déjà chez Wilkins), fumées nourricières conseillées par des médecins-diététiciens fonctionnaires, arbre de science, livres parlants[1], eugénisme... Et voici comment l'hôte du lieu expose à son visiteur les principes de l'urbanisme lunaire :

> « Entre nos villes, cher étranger, il y en a de mobiles et de sédentaires ; les mobiles, comme par exemple celle où nous sommes maintenant, sont faites comme je vais vous dire. L'architecte construit chaque palais, ainsi que vous voyez, d'un bois fort léger, y pratique dessous quatre roues ; dans l'épaisseur de l'un des murs, il place dix gros soufflets dont les tuyaux passent d'une ligne horizontale à travers le dernier étage de l'un à l'autre pignon, en sorte que quand on veut traîner les villes autre part, car on les change d'air à toutes les saisons, chacun déplie sur l'un des côtés de son logis quantité de larges voiles au-devant des soufflets ; puis, ayant bandé un ressort pour les faire jouer, leurs maisons, en moins de huit jours, avec les bouffées continuelles que vomissent ces monstres, sont emportées si on veut à plus de cent lieues.

---

1. « À l'ouverture de la boîte, je trouvais dedans un je ne sais quoi de métal presque semblable à nos horloges, plein de je ne sais quels petits ressorts et de machines imperceptibles. C'est un livre à la vérité, mais un livre miraculeux qui n'a ni feuillet ni caractères ; enfin c'est un livre où, pour apprendre, les yeux sont inutiles ; on n'a besoin que des oreilles. Quand quelqu'un donc souhaite lire, il bande, avec grande quantité de toutes sortes de petits nerfs, cette machine, puis il tourne l'aiguille sur le chapitre qu'il désire écouter, et en même temps il en sort comme de la bouche d'un homme, ou d'un instrument de musique, tous les sons distincts et différents qui servent, entre les grands lunaires, à l'expression du langage. »

« Quant à celles que nous appelons sédentaires, les logis en sont presque semblables à vos tours, hormis qu'ils sont de bois et qu'ils sont percés au centre d'une grosse et forte vis, qui règne de la cave jusqu'au toit, pour les pouvoir hausser et baisser à discrétion. Or, la terre est creusée aussi profond que l'édifice est élevé, et le tout est construit de cette sorte, afin qu'aussitôt que les gelées commencent à morfondre le ciel ils puissent descendre leurs maisons en terre, où ils se tiennent à l'abri des intempéries de l'air. Mais sitôt que les douces haleines du printemps viennent à le radoucir, ils remontent au jour par le moyen de leur grosse vis dont j'ai parlé. »

Un article de Dominique Descotes publié en 2008 dans la revue *XVIIe siècle* a tenté de démontrer que ni l'un ni l'autre des procédés imaginés par Cyrano n'était susceptible de fonctionner : il serait donc vain de chercher ici un reflet des avancées mécaniques du temps. Mais l'essentiel n'est pas là : ce n'est nullement l'esprit scientifique que Cyrano veut stimuler chez son lecteur, mais l'imagination, qui passe outre, comme dirait Pascal, et, sans s'interroger sur la faisabilité de la machine qui n'est peut-être qu'un trompe-l'œil, invite à rêver de l'adaptabilité de l'habitat humain à son environnement naturel. Là est la pensée neuve, pensée écologique cette fois, à la différence de la maison d'Alberti ; et pensée profonde, au sens où Descartes dit que les pensées profondes se trouvent souvent dans les écrits des poètes : il y a en nous, écrit-il, des semences de science comme dans le silex, que les poètes, par les moyens de l'imagination font jaillir et briller, bien avant que les hommes de science ne les réalisent par les moyens de la raison.

À preuve ce document présenté par l'École des mines de Douai, qui a pour titre « La maison tournante », habitation écologique à énergie passive équipée d'un système qui lui permet de tourner sur elle-même et de suivre les rayons du soleil. Le rapport qui, pas plus que le livre de Véronique Villemin, *Maisons mobiles*, publié dans *Anarchitectures* en 2004, ne fait référence aux textes

que je viens de citer, fait remonter l'idée à un chroniqueur américain, George Ade, qui, en 1906, tirait parti de son expérience de la
révolution d'un bateau faisant demi-tour. Symbole de la maison
écologique parfaite, l'idée a été perfectionnée à travers plusieurs
essais : en 1935 la *Villa Girasole* à Marcellise en Italie, maison
rotative dont les deux étages supérieurs tournent sur une base
fixe en 9 heures et 40 minutes ; la maison de François Massau en
1958, 428 m² sur les collines de Vavre en Belgique ; la *Walking
city* de l'architecte Ron Herron du mouvement pop Archigram
en 1964 ; en 1992 la *Solarhaus* de l'architecte allemand Teddo
Tedhorst ; en 1994 la *Solarhaus Heliotrop* de Fribourg ; en 2001
la *suite Vollard* à Curitiba au Brésil ; en dernier lieu, ce projet du
futur, présenté par l'architecte David Fischer en 2007 à Dubaï :
la *Rotating Wind Power*, un immeuble de 316 mètres de haut,
qui permet aux occupants des cinquante-neuf étages de tourner
et de suivre le soleil. La tour est un bâtiment vert qui génère
de l'électricité par lui-même. Le secret réside en quarante-huit
turbines montées horizontalement entre chaque deux étages,
qui tournent grâce à la puissance du vent (d'où son nom) et les
cellules photovoltaïques situées sur les toits des appartements
individuels.

En prenant congé de vous, je dédie ce bavardage à l'équipe
d'archéologues franco-italienne, dirigée par Françoise Villedieu,
qui a travaillé ces dernières années sur la salle à manger tournante
de la Maison dorée d'un autre utopiste nommé Néron.

Pierre LAURENS

BÂTIR L'UTOPIE : QUELQUES UTOPIES ARCHITECTURALES ET URBAINES DU XXᵉ SIÈCLE

Dans son ouvrage, *L'urbanisme, utopies et réalités*, la philosophe, critique d'art et d'architecture, Françoise Choay, écrit : « malgré la prétention des théoriciens, l'aménagement des villes n'est pas l'objet d'une science rigoureuse. Bien plus, l'idée d'un urbanisme scientifique n'est qu'un mythe de la société industrielle. »

Aussi fait-elle, dans son ouvrage, la part belle aux utopies sociales et aux cités idéales, conçues au cours des âges, par des philosophes, écrivains, romanciers, architectes.

Après les « architectes révolutionnaires », Boulée, Lequeux, Ledoux, nombreux sont ceux qui, dans la seconde moitié du XIXᵉ siècle et au début du XXᵉ, ont imaginé des villes utopiques, et parfois réalisé un embryon de celles-ci.

Je rappellerai seulement Étienne Cabet (1788-1852) qui imagine en 1842 sa capitale Icaria, Jean Baptiste Godin (1819-1888) lorsqu'il réalise à Guise, dès 1858, le « Familistère » inspiré du Phalanstère de Charles Fourier (1772-1837) – Charles Fourier, dont Gide disait, « je ne crois pas qu'aucun homme en ce siècle ait eu une plus grande puissance d'imagination que ce commis de magasin » –, ou encore Jules Verne (1828-1905) qui, dans son roman *Les cinq cents millions de la Bégum*, décrit en 1879 « Franceville », reconnaissant qu'il s'est inspiré du Docteur Richardson, membre de la Société royale de Londres.

Dans un autre registre, je pense aux visions esthétiques du viennois Camillo Sitte (1843-1903) qu'il développe en 1889 dans *Der Städtebau*, si différentes de la « Cité industrielle » de Tony Garnier (1869-1959), Grand Prix de Rome, qu'il présente à l'Académie des Beaux-Arts en 1904.

Aux États-Unis, je n'oublie pas, en 1838, la « New Harmony », dans l'Indiana, de Robert Owen (1771-1858) ni, en 1935, la cité idéale « Broadacre », de Franck Lloyd Wright.

Un mot d'Herbert-George Wells (1866-1946), père de la science-fiction, qui imagine, en 1903, une cité dans l'espace dans le livre *L'utopie moderne*. Wells est le lointain précurseur des architectes du monde entier qui proposent, aujourd'hui, leurs projets utopiques en participant au concours international de la Fondation Jacques Rougerie.

Tous les projets que je viens d'évoquer, les plus anciens comme les plus récents, expriment une vision lumineuse de la ville future, à la différence de l'univers obscur de *Metropolis* (1926) de Fritz Lang.

Les architectes du début du XXe siècle comme ceux d'aujourd'hui ont été et sont influencés par ces textes ou ces œuvres.

Ils ont, par les modes de pensée et d'action qui leur sont propres, dessiné, et parfois réalisé, les architectures rêvées et les cités idéales qui ont fleuri dans les ouvrages spécialisés. Avant d'en parler, je dirai un mot d'une forme particulière d'utopie, d'ordre technique, qui a déterminé, un moment, l'architecture et l'urbanisme.

Émanation de l'hyper valorisation de la société machiniste, elle apparaît au début du XXe siècle et se manifeste dans les chantiers des vingt années qui ont suivi la fin de la Seconde Guerre mondiale, pour prendre, dans les années quatre-vingt, des formes plus élaborées.

Imaginée par les architectes, préconisée par les ingénieurs, soutenue par les pouvoirs politiques, développée et mise en œuvre par les entreprises, elle se voulait une réponse à l'urgence des besoins d'une époque dynamique et confiante, qui imposait de construire vite et beaucoup, dans les tracés d'un urbanisme fonctionnel.

L'objectif était d'appliquer au monde du bâtiment les méthodes de l'industrie : produire l'habitat du « grand nombre » comme l'industrie produit les voitures.

Voici, sur une période de soixante ans, quelques-unes des recherches, expérimentations et réalisations, dans ce domaine de l'industrialisation.

En 1914 et les années suivantes, Le Corbusier imagine la « Maison Domino » puis la « Maison Citroën » et la « Maison Voisin », du nom de l'avionneur. Très peu de réalisations verront le jour.

Dans les années soixante, on débat des « systèmes fermés ou ouverts », et en 1970 du Plan Construction. En 1980, les systèmes constructifs du type « Tabouret », apparaissent dans la construction de quelques milliers de logements. Ils seront les marqueurs d'une utopie urbaine, la « ville proliférante ».

Autre type de préfabrication, des « modules d'habitat » seront fabriqués et prééquipés en usine, puis assemblés sur chantier pour construire, en des temps record, les logements des nouveaux quartiers.

Parmi ces recherches, un projet japonais utopique d'il y a vingt ans, « l'hôtel Capsule », coques exiguës empilées sous forme de tour. On n'y demeure qu'allongé. Il était destiné aux hommes d'affaires pour s'y loger, à moindre frais, une nuit. Ce projet utopique est aujourd'hui réalisé à Hong Kong, pour les travailleurs de chantier. Les coques hautes de 110 cm font 2 m² de surface.

Beaucoup de ces recherches eurent des applications concrètes, puisque des milliers de logements et d'équipements scolaires furent conçus sur ces principes, mais elles étaient utopiques, car se voulant universelles et reproductibles, elles ne furent que des réponses partielles, temporaires et souvent vite abandonnées.

Évoquons quelques projets d'une autre ampleur, cités idéales que les architectes contemporains, lointains disciples de Thomas More et des architectes des Lumières, ont imaginées au XXe siècle :

– En 1932, le « Plan Voisin » de Le Corbusier, dont le Paris historique presque rasé, est réduit à quelques monuments emblématiques, cernés de tours et d'autostrades suspendues.

– Mesa City, en Arizona, prémices de la ville écologique que l'architecte turinois Paolo Soleri (1919-2013), projette au début des années soixante et réalise en partie, grâce aux étudiants qui se succèdent sur son chantier.

– La « Ville totale » que Jean-Claude Bernard dessine à la Villa Médicis en 1960-1964, vision plastique et sculpturale de l'enchevêtrement urbain.

– L'Île artificielle de Jacques Ringuez, autre Prix de Rome, en 1966.

– Les villes futuristes d'Archigram, groupe de six architectes réunis autour de Peter Cook qui imaginent, dans les années soixante, des mégastructures urbaines, des cités en réseaux, des villes gonflables, mobiles comme la « Walking City » de Ron Heron en 1964, qui m'évoque la « Maison sur roues » de Leon Battista Alberti citée par Pierre Laurens[1]. Les recherches de cette équipe influenceront une génération d'architectes. Elles ont inspiré en 1962 le centre urbain de la ville nouvelle de Cumbernauld en Écosse, mais aussi les architectes Piano et Rogers pour le concours du Centre Pompidou en 1971, ou encore les étonnantes tubulures, réseaux et superstructures de l'hôpital d'Aix-la-Chapelle conçu par les architectes Brand et Werner en 1969.

---

1. Voir, *supra*, p. 93.

Citons encore :

– *Les villes invisibles* (1972), dans le dialogue imaginé par Italo Calvino entre Marco Polo et l'Empereur Kublai Khan, qui ont dû inspirer des architectes.

– Le « Paris Parallèle » qu'en marge de ses recherches sur la « fonction oblique », Claude Parent et la revue *L'Architecture d'aujourd'hui* proposent, en alternative aux villes nouvelles du Schéma directeur de 1963 du Préfet Paul Delouvrier.

– Le projet de Yona Friedmann « La Ville spatiale », en 1959, qui enjambe de ses mégastructures le tissu des villes anciennes.

– « Thalassa », la ville flottante, en 1959, de Paul Maymont et ses « Villes suspendues ».

– Depuis quelques années la Fondation Jacques Rougerie, lequel fut l'élève de Maymont, invite les architectes du monde entier à imaginer des villes dans les espaces interstellaires ou au fond des abysses et à lutter contre l'élévation des océans pour répondre aux problèmes de nos sociétés dans les temps à venir.

À part quelques réalisations partielles, ces villes utopiques sont restées dans les cartons de leurs auteurs. Certes, mais Alphonse de Lamartine n'a-t-il pas dit : « Les utopies ne sont souvent que des vérités premières » ?

Je pense alors à ces Villes radieuses, à ces capitales, rêvées par les architectes, que des hommes de pouvoir, présidents, premiers ministres, émirs et quelques philosophes, ont décidé de réaliser :

– Auroville, voulue par Mira Alfassa, dite « La mère », afin qu'une communauté puisse vivre suivant les préceptes du philosophe indien Sri Aurobindo, dont elle fut la compagne. L'architecte français Roger Anger en a conçu le plan radioconcentrique dès 1968.

Enfin deux capitales, fondées sur une vision idéalisée de sociétés urbaines :

– Brasilia, nouvelle capitale décidée en 1956 par le Président Juscelino Kubitschek, est inaugurée quatre ans plus tard. Développée sur les plans de l'architecte urbaniste Lucio Costa, magnifiée par les réalisations d'Oscar Niemeyer, elle est une application des principes de la Charte d'Athènes, revus par le génie brésilien.

– Chandigardh, capitale du Pendjab et de l'Haryana, décidée en 1947 par Jawaharial Nehru, construite, après un premier projet des architectes Meyer et Varna, sur les plans de Le Corbusier qui construira le Capitole où sont réunis le Secrétariat du Gouvernement, le Parlement et la Cité judiciaire. Le Corbusier l'a voulue Ville verte, sans tours, aux réseaux de voiries strictement hiérarchisés. Sa population prévue était de 150 000 habitants. Elle avoisine maintenant le million d'habitants.

– Astana, nouvelle capitale du Kazakhstan depuis 1997, érigée sur les plans des architectes Kisho Kurokawa et Norman Foster, et, du même Norman Foster, Masdar City dans l'émirat d'Abu Dhabi, ville écologique au taux zéro de carbone. Ces villes sont la part d'utopie de pouvoirs autoritaires.

Les architectes, utopistes dans l'âme, en marge des projets qu'ils construisent, sont toujours en quête de cités idéales : villes gonflables, suspendues, souterraines, mobiles, sans carbone, villes interstellaires ou abyssales...

Pour moi, ces rêves d'architectes font écho au philosophe Thierry Paquot lorsqu'il écrit dans son livre *Lettres à Thomas More sur son Utopie* : « Je suis persuadé que notre époque est en panne, que notre imaginaire bégaie ou fait du surplace. Il faut carburer à l'utopie pour quitter cette désespérance... Thomas More tu nous manques, reviens ! ».

Aymeric ZUBLENA

LISTE DES AUTEURS

Yves-Marie BERCÉ	Membre de l'Académie des Inscriptions et Belles-Lettres
Pierre BRUNEL	Membre de l'Académie des Sciences morales et politiques
Jean-Claude CASANOVA	Membre de l'Académie des Sciences morales et politiques
Jean-Pierre KAHANE (†)	Membre de l'Académie des Sciences
Pierre LAURENS	Membre de l'Académie des Inscriptions et Belles-Lettres
Guillaume NAVAUD	Docteur en littérature comparée, professeur de lettres en CPGE
Michel PORRET	Professeur d'histoire moderne à l'Université de Genève
Jean-Noël ROBERT	Membre de l'Académie des Inscriptions et Belles-Lettres, professeur au Collège de France
François ROSSET	Professeur de littérature française à l'Université de Lausanne
Dominique SCHNAPPER	Directrice d'études à l'EHESS, lauréat du prix Balzan 2002
André VAUCHEZ	Membre de l'Académie des Inscriptions et Belles-Lettres, lauréat du prix Balzan 2013
Michel ZINK	Secrétaire perpétuel de l'Académie des Inscriptions et Belles-lettres, membre de l'Académie française, professeur honoraire au Collège de France
Aymeric ZUBLENA	Membre de l'Académie des Beaux-Arts

TABLE DES MATIÈRES

Achevé d'imprimer sur les presses de l'imprimerie
PEETERS (Belgique)
en mars 2018